디지털 시민이
꼭 알아야 할
50가지 미션

하루하루 실천하며 배우는 디지털 생활

디지털 시민이 꼭 알아야 할 50가지 미션

글 서울미래교육연구회
김영주, 김태림, 박민수, 이지애, 하빛나
그림 근홍

썬더키즈
thunder kids

프롤로그

안녕, 반가워!

우리가 매일 만나는 세상은 두 가지야. 하나는 우리가 직접 뛰어놀고, 밥을 먹고, 친구들과 이야기를 나누는 실제 세상이지. 그리고 또 하나는 눈에 보이지 않지만 늘 우리 곁에 있는 디지털 세상이야.

디지털 세상은 언제나 손쉽게 만날 수 있어. 태블릿, 스마트폰, 컴퓨터만 있으면 우리 집 거실에서도, 멀리 떨어진 바닷가에서도, 심지어 지구 반대편에 있는 친구와도 연결될 수 있지. 디지털 세상에서 게임도 하고, 친구와 채팅도 하고, 재미있는 영상도 볼 수 있어. 모르는 게 있으면 인터넷에 검색해서 바로 답을 찾을 수도 있지. 게다가 요즘은 AI가 엄청 빠르게 발달하고 있어서 정말 못 하는 게 없을 정도야. 참 편리하지 않니?

《디지털 시민이 꼭 알아야 할 50가지 미션》에서는 디지털 세상을 더 잘 알고, 재미있게 이용하는 다양한 방법을 배우게 될 거야. 실제 세상과 디지털 세상의 차이를 알아보면서 디지털 세상에 친숙해지는 시간도 가져 보자. 또 디지털 세상에서 여러 가지 즐길 거리, 재미있는 도구, 신기한 AI 체험도 해 보자.

하지만 디지털 세상에도 지켜야 할 규칙과 예절이 있어. 실제 세상에서 우리가 약속과 규칙을 지켜야 서로 행복하게 지낼 수 있듯이, 디지털 세상에서도 마찬가지야. 디지털 세상 속 나의 말과 행동은 사라지지 않고 오랫동안 남게 되고, 다른 사람들에게 영향을 줄 수 있어. 그러니 우리가 올바르게 행동해야 하는 이유를 알겠지?

또 한 가지 중요한 점이 있어. 디지털 세상은 재미있지만, 우리가 조심하지 않으면 위험에 빠질 수도 있거든. 개인 정보가 퍼지거나, 거짓 뉴스에 속거나, 악성 댓글로 상처받기도 하지. 그래서 이 책은 우리가 디지털 세상을 똑똑하고 안전하게 사용할 수 있도록 도와줄 거야. 미션을 하나씩 해결하다 보면, 자연스럽게 위험을 피하는 방법도 배울 수 있어.

《디지털 시민이 꼭 알아야 할 50가지 미션》은 바로 너를 위한 책이야. 재미있고 신나는 미션을 하나씩 해결하면서 디지털 세상에서 똑똑하고 즐겁게 지내는 방법을 배우게 될 거야. 친절한 댓글 쓰기, 개인 정보 지키기, 가짜 뉴스를 구별하기 같은 다양한 미션을 마치다 보면, 어느새 디지털 세상의 멋진 시민으로 성장한 너를 발견하게 될걸?

이제, 디지털 시민이 되는 여행을 시작할 준비가 되었니? 그럼 함께 가자, 출발!

디지털 시민 임명장

여기에
사진을 붙여.

_____ 어린이를

멋지고 슬기로운 디지털 시민으로

임명합니다.

_____ 년 ___ 월 ___ 일

디지털 시민 약속

나 _____ 는(은)

하나. 디지털 세상에서도 예의 바르게 말하고,
친절하고 다정한 말로 소통하겠습니다.

둘. 나의 개인 정보를 소중히 지키고,
다른 사람들의 사진이나 정보를
함부로 사용하지 않겠습니다.

셋. 디지털 세상에서도 안전하고
즐겁게 생활할 수 있도록
다양한 디지털 도구의 사용법을
열심히 배우고 익히겠습니다.

_____ 년 ___ 월 ___ 일

_____ (서명)

디지털 시민 행동 수칙

디지털 시민이 되었다면 이제부터 일곱 가지 '디지털 시민 행동 수칙'을 지켜야 해. 하나씩 실천하다 보면 누구보다 멋지고 똑똑한 디지털 시민이 되어 있을 거야.

1 디지털 공간에서도 예의를 지켜야 해

디지털 공간에서는 서로 얼굴을 마주 보지 않으니까 말이나 행동이 더 가벼워질 수 있어. 하지만 화면 너머에도 내 말과 행동을 보고 느끼는 사람이 있다는 걸 잊지 말자. 댓글을 달거나 채팅할 때는 상대방의 마음을 먼저 생각하는 태도가 필요해. 따뜻하고 예의 있는 말과 행동을 실천하면, 디지털 세상도 더 밝고 행복한 공간이 될 거야. 내가 먼저 좋은 예를 보여 주는 것도 멋진 디지털 시민의 모습이지.

2 정보를 꼼꼼하게 확인해 보자

인터넷에는 정말 다양한 정보들이 있어. 하지만 모든 정보가 사실은 아닐 때도 많아. 뉴스를 보거나 친구가 보내 준 정보를 접했을 때는 '정말 믿을 만한 내용일까?' 하고 한 번 더 생각해 보자. 여러 곳에서 정보를 확인해 보는 습관도 필요해. 꼼꼼하게 정보를 확인하는 태도는 나도 지키고, 다른 사람에게도 좋은 영향을 주는 디지털 시민의 기본이야.

3 스스로 사용 시간을 조절하자

디지털 기기를 오래 사용하면 몸도 마음도 지칠 수 있어. 게임이나 영상을 즐길 때는 미리 시간을 정해 놓고 지키는 습관을 들여 보자. 스스로 시간을 잘 조절하는 능력이 길러지면 더 건강하게 디지털 세상을 누릴 수 있어. 내가 주도적으로 사용할 때 진짜 똑똑한 디지털 시민이 되는 거야.

4 개인 정보는 소중하게 관리할수록 안전해

디지털 공간에 올리는 글이나 사진, 그리고 정보는 쉽게 퍼질 수 있어. 개인 정보는 꼭 필요한 경우가 아니면 함부로 알려 주지 말자. 그리고 모르는 사람이 보내는 링크나 메시지는 조심해서 확인하는 것이 좋아. 개인 정보를 스스로 잘 지키는 것, 정말 중요해.

5 디지털 생활, 함께 이야기 나누면 더욱 좋아

디지털 세상에서 겪는 일들을 혼자서만 고민하면 힘들어질 수 있어. 가족이나 친구들과 디지털 사용에 대해 자주 이야기 나누면 도움이 많이 돼. 궁금한 점이나 걱정되는 일이 생기면 어른들에게 꼭 물어보자. 함께 이야기하다 보면 더 좋은 방법도 찾을 수 있고, 더 안전하게 디지털 생활을 할 수 있을 거야.

6 디지털 기기는 바르게 사용하자

스마트폰이나 컴퓨터는 정말 편리한 도구지만, 바르게 사용하지 않으면 건강에 좋지 않을 수 있어. 사용할 때는 자세를 바르게 하고, 눈을 쉬게 해 주는 시간도 꼭 필요해. 또 오래 사용하면 몸이 피로해지니 중간중간 휴식을 잊지 말자. 건강하게 디지털 기기를 사용하는 것도 디지털 시민의 중요한 습관이야. 나의 몸과 마음을 잘 돌보며 사용하는 법을 꼭 익혀 보자.

7 올바른 선택을 하기 위해 꾸준히 연습하자

디지털 공간에서는 '무료', '이벤트 당첨' 같은 글자가 자주 보여. 하지만 이런 말에 속아서 잘못된 사이트에 들어가거나 돈을 쓰게 되는 경우도 있어. 모르는 링크는 누르지 말고, 결제가 필요한 상황에서는 반드시 어른과 먼저 상의하는 습관을 들이자. 유혹을 똑똑하게 이겨 내는 건 정말 멋진 디지털 시민의 모습이야. 스스로 올바른 선택을 하는 연습을 계속해 보자.

디지털 세상 탐험을 위한 용어 사전

디지털 세상을 신나게 탐험할 시민들이라면 꼭 알아 두어야 할 말들이 있어. 지금부터 디지털 세상에서 어떤 일들이 일어나는지 이해하는 데 꼭 필요한 단어들을 함께 배워 보자.

 디지털

정보를 숫자로 나타내는 방식이야. 디지털 시계가 바늘 없이 숫자로 시각을 보여 주는 것처럼 말이야. 디지털 정보는 숫자로 딱 떨어지기 때문에 컴퓨터나 스마트폰 같은 전자 기기가 쉽게 읽고 처리할 수 있는 장점이 있어.

 인터넷

전 세계의 컴퓨터와 스마트폰을 연결해 주는, 눈에 보이지는 않지만 아주 커다란 그물망이야. 덕분에 멀리 있는 친구와 이야기하고, 재미있는 영상도 보고, 궁금한 것도 찾아볼 수 있어. 누구나 사용할 수 있어서 정보를 쉽게 나눌 수 있지만, 거짓 정보나 나쁜 정보도 퍼질 수 있으니까 조심해야 해.

 앱(App)

스마트폰, 태블릿, 컴퓨터 같은 디지털 기기에 설치하여 사용하는 프로그램을 애플리케이션, 줄여서 앱이라고 해. 게임하기, 학습하기, 그림 그리기처럼 여러 가지 앱들이 있어. 나에게 필요한 앱을 잘 골라 쓰는 것이 중요해.

 SNS(Social Networking Service)

인터넷으로 친구들과 소식을 나누고, 사진이나 글을 올릴 수 있는 서비스야. 멀리 있는 친구와도 연락할 수 있고, 공통의 관심을 가진 새로운 친구를 사귈 수도 있어. 하지만 이름, 주소 같은 개인 정보를 올리면 위험할 수 있으니 주의해야 해.

빅데이터

디지털 기기를 사용할 때 생기는 아주 많은 정보야. 예를 들어, 메신저 대화 기록, 검색한 단어 기록, 쇼핑한 기록 같은 것들이 모두 모여 커다란 데이터가 돼. 이렇게 모인 빅데이터를 분석하면 사람들이 어떤 것을 좋아하는지 알 수 있어.

AI(인공지능)

사람처럼 생각하고 판단하는 컴퓨터 기술이야. 글을 쓰거나, 그림을 그리거나, 외국어를 번역하거나, 자동차를 스스로 운전하는 데도 쓰여. AI는 아주 똑똑하지만, 사람이 직접 판단해야 하는 중요한 일에는 신중하게 사용해야 해.

메타버스

가상의 세상에서 내가 만든 캐릭터(아바타)로 활동하는 공간이야. 친구들과 이야기하거나, 게임, 공부도 할 수 있지. 재미있지만, 진짜 세상인 현실과는 다르다는 점을 기억하고 구별하는 게 좋아.

딥페이크

AI로 사람의 얼굴이나 목소리를 진짜처럼 흉내 내서 만든 사진이나 영상을 말해. 하지도 않은 행동이나 말을 한 것처럼 사람들을 속일 수 있어. 딥페이크로 만들어진 거짓 정보를 찾아내는 똑똑한 기술도 점점 더 발전하는 중이야.

해킹

다른 사람의 허락 없이 몰래 컴퓨터나 스마트폰 같은 기기에 들어가는 행동이야. 해킹을 하면 비밀번호를 바꾸거나, 파일을 지우거나, 정보를 몰래 가져가는 문제들이 생길 수 있어. 요즘은 인터넷에 연결된 기기를 많이 쓰기 때문에 해킹 위험이 커. 우리 정보를 안전하게 지키는 방법을 알아 두는 게 중요해.

디지털 시민에게 필요한 준비물

대부분 집에 있는 물건들이지? 없다면 비슷한 거로 대신해도 좋아. 중요한 건 디지털 세상을 잘 살아가는 방법을 배우고 어떤 디지털 시민이 되고 싶은지 알아 가는 거거든.

인터넷이 연결된 기기

디지털 시민이 되려면 디지털 세계를 잘 이해할 필요가 있어. 인터넷이 연결된 기기인 스마트폰, 태블릿 PC, 컴퓨터는 디지털 시민이 되는 미션의 출입문 같은 존재야. 정보를 검색하거나, 온라인 예절을 배울 때, 친구들과 온라인에서 소통할 때 필요하지. 디지털 기기로 단순히 영상을 보거나 게임만 하는 것은 디지털 시민의 자세가 아니야. 기기를 더 현명하게, 더 바르게 사용하여 디지털 세상을 알아보자.

디지털 시민 수첩

내가 오늘 실천한 미션을 기록하고, 느낀 점을 적는 작은 수첩이야. 디지털 시민으로 한 걸음씩 성장하는 발자취를 담는 공간이지. 미션을 실천하면서 떠오른 생각을 적어 보거나, 고친 습관과 새롭게 배운 디지털 예절을 남기다 보면, 이 수첩은 디지털 시민 성장 일기가 되어 있을 거야.

필기도구

미션을 하다 보면, 그냥 보고 지나가는 것보다 내가 직접 생각을 적고 느낀 점을 남길 때 훨씬 오래 기억에 남아. 필기도구는 마음속 생각을 끌어내는 마법 열쇠야. 멋진 아이디어가 떠오를 때 바로 적어 두면 잊어버릴 걱정도 없지. 그래서 필기도구는 내가 디지털 시민으로 성장하도록 도와주는, 생각을 붙잡는 든든한 도구야.

비상 도움 연락처

디지털 세상을 탐험하다 보면 혼자 해결하기 어려운 순간이 올 수 있어. 이상한 메시지를 받거나 누군가 놀리는 댓글을 남길 때, 혼자 고민하기보다는 믿을 수 있는 어른에게 바로 도움을 요청하는 용기가 필요해. 그래서 선생님, 부모님, 믿을 만한 친구, 전문 기관처럼 도와줄 사람들의 연락처를 미리 알고 있으면, 갑작스러운 상황에서도 당황하지 않고 바로 도움을 받을 수 있어. 어른에게 도움을 청하는 것도 똑똑한 디지털 시민의 중요한 행동이라는 것, 꼭 기억해!

경찰청 사이버 범죄 신고 ☎ 112 / ecrm.police.go.kr
청소년 사이버 상담센터 ☎ 1388 / www.1388.go.kr
개인 정보 침해 신고센터 privacy.kisa.or.kr
중앙 디지털 성범죄 피해자 지원센터(디성센터)
☎ 02-735-8994 / 1366 / d4u.stop.or.kr

마음의 거울

눈에는 보이지 않지만, 언제 어디서든 마음속에서 꺼내 쓸 수 있는 멋진 거울이야. 디지털 시민에게 꼭 필요한 도구이기도 하지. 내가 어떤 말을 쓰거나, 어떤 사진을 올리려고 할 때, 이 거울을 마음속에 들여다보며 스스로에게 물어봐. "내 행동이 다른 사람을 기분 나쁘게 하진 않았을까?", "이건 내가 당해도 괜찮은 행동일까?" 마음의 거울을 자주 꺼내보는 습관, 그것이 바로 디지털 시민의 시작이야.

그럼, 준비물을 모두 챙겼으면 미션을 수행하러 함께 떠나 볼까?

1장 우리는 디지털 시민

미션 01 디지털 세상과 실제 세상 비교하기 • 20

미션 02 디지털 세상으로 두근두근 입장 • 23

미션 03 마음을 담은 이메일 보내기 • 25

미션 04 디지털 세상 속 나의 명함 • 29

미션 05 이모티콘으로 감정 표현하기 • 31

미션 06 앱 쇼핑몰에서 골라보는 재미 • 33

미션 07 스마트폰 속 정리왕 되기 • 36

미션 08 QR코드로 재빠르게 정보 열기 • 38

미션 09 자주 찾는 웹사이트는 북마크로 뚝딱 저장하기 • 40

미션 10 인터넷 바다에서 정보 찾기 모험 • 43

2장 즐기는 디지털 시민

미션 11 온 가족이 함께 떠나는 유튜브 탐험 • 46

미션 12 유튜브 알고리즘으로부터 나를 지키기 • 48

미션 13 숏폼 챌린지로 크리에이터 도전하기 • 51

미션 14 오늘부터 웹툰 작가가 될 수 있어 • 54

미션 15 종이책과 다른 매력, 전자책 읽기 • 57

미션 16 어디서든 스트리밍 세상 속으로 • 59

미션 17 진짜야, 가짜야? 둘 다 되는 신기한 메타버스 여행 • 61

미션 18 신나는 게임 속, '게임 머니'는 뭘까 • 63

미션 19 사람이 만들지 않아도 예술일까? • 65

미션 20 스마트폰을 스마트하게 사용하기 • 67

3장 AI와 함께하는 디지털 시민

미션 21 AI의 세계로 탐험하기 • 72

미션 22 AI를 100% 믿지 않기 • 74

미션 23 AI에게 똑똑하게 질문하는 기술 • 77

미션 24 AI로 화가 되어 보기 • 80

미션 25 AI로 만드는 음악 놀이터 • 82

미션 26 AI로 글쓰기 도전하기 • 85

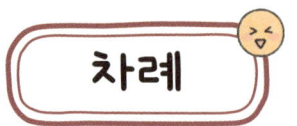

미션 27 AI vs 사람, 답변 배틀하기 • 87

미션 28 수다쟁이 로봇, 내 손안에 챗봇 • 90

미션 29 AI 시대 미래 직업을 찾아라 • 92

미션 30 AI와 올바른 선 지키기 • 95

 소통하는 디지털 시민

미션 31 디지털 공간에서 친구 사귀기 • 98

미션 32 댓글로 전하는 따뜻한 마음 • 100

미션 33 예절을 지키면 대화가 더 즐거워 • 102

미션 34 '좋아요' 수에 슬퍼하지 않기 • 104

미션 35 SNS에 글을 올릴 때 생각해야 할 것 • 106

미션 36 디지털 세상에서 또 다른 나 만나기 • 109

미션 37 책임 있는 클릭! 디지털 시민 도전 • 112

미션 38 악플은 NO! 선플로 세상을 따뜻하게 • 115

미션 39 내 디지털 발자국 그리기 • 117

미션 40 우울할 땐 SNS 대신 내 마음 돌보기 • 119

안전한 디지털 시민

미션 41 빅데이터로 세상 읽기 • 122

미션 42 내 정보는 내가 지킨다 • 124

미션 43 비밀번호 달인 되기 • 127

미션 44 사이버 폭력에 방패 들기 • 129

미션 45 진짜 같은 가짜에 속지 않기 • 131

미션 46 디지털 콘텐츠와 현명하게 친구 되기 • 133

미션 47 아슬아슬 스마트폰 좀비 탈출 • 135

미션 48 디지털 세상 속 돈도 진짜야 • 137

미션 49 가짜 뉴스에 속지 않는 똑똑한 뉴스 탐정 • 139

미션 50 디지털 세상으로 통하는 스위치 잠시 끄기 • 142

1장
우리는 디지털 시민

우리는 실제 세상과 디지털 세상을 자유롭게 넘나들며 살고 있어. 인터넷이 연결된 디지털 기기만 있으면, 시간과 장소에 상관없이 디지털 세상을 마음껏 누빌 수 있지. 디지털 세상에서 내 생각과 감정을 효과적으로 표현하는 방법, 그리고 다양한 디지털 기기들을 내 취향과 필요에 딱 맞게 설정하는 방법이 궁금하니? 멋진 디지털 시민으로서 아낌없이 내 능력을 펼칠 수 있도록 기초부터 탄탄히 준비해 보자!

디지털 세상과 실제 세상 비교하기

우리는 두 가지 세상에서 살고 있어. 하나는 우리가 살고 있는 실제 세상이고, 또 하나는 디지털 기기를 통해 만날 수 있는 디지털 세상이지. 디지털 세상과 실제 세상은 서로 가깝게 연결되어 있어. 혹시 스마트폰이나 컴퓨터, 태블릿 같은 디지털 기기를 가지고 있니? 기기에 인터넷만 연결되어 있으면 디지털 세상에 아주 쉽게 들어갈 수 있거든.

디지털 세상에서는 시간과 공간에 상관없이 마음껏 활동할 수 있어. 하지만 실제 세상에서처럼 직접 무언가를 만지거나 몸으로 느끼기는 어렵지. 한편, 디지털 세상 속에서 우리가 활동하며 남긴 흔적들은 지워지지 않고 아주 오랫동안 남아. 하지만 실제 세상에서 종이에 글이나 그림으로 표현한 것은 종이가 없어지면 함께 사라져.

디지털 세상과 실제 세상은 비슷한 점이 참 많아. 디지털 세상 속에서도 내 생각을 표현할 수 있고, 친구들과 서로 소통할 수 있어. 다양한 것을 배우며 성장할 수도 있지. 여러 가지 활동을 할 때 규칙과 예절을 잘 지켜야 한다는 점도 똑같아. 그러니까 양쪽 세상에서 각각 건강하고 안전하게 생활할 수 있도록 노력해야 해.

AI 기술 덕분에 디지털 세상에서 할 수 있는 것들은 점점 더 많아지는 중이야. 어쩌면 미래에는 실제 세상과 디지털 세상의 구분이 어려워질지도 몰라. 두 세상 사이의 연결이 더 촘촘해지고 있거든. 그럴수록 실제 세상에서 할 수 있는 일과 디지털 세상에서 할 수 있는 일을 잘 구분하며 균형을 잡는 것이 중요해.

√ 디지털 세상에서 할 수 있는 일 적어 보기

디지털 세상과 실제 세상에서 내가 할 수 있는 일을 각각 적어 봐.

★ 디지털 세상에서 할 수 있는 일

예시) 친구와 함께 온라인 게임하기

1.
2.
3.

★ 실제 세상에서 할 수 있는 일

예시) 친구와 놀이터에서 술래잡기하기

1.
2.
3.

디지털 세상으로 두근두근 입장

 포털 사이트는 우리가 인터넷에 접속할 때 가장 먼저 만나는 입구야. 뉴스와 날씨, 사전, 이메일 등 다양한 서비스를 이용하고, 여러 가지 정보도 찾을 수 있지.

 포털 사이트에는 네이버, 다음, 구글 등이 있어. 포털 사이트에 가입하려면 만 14세 미만의 어린이는 보호자의 동의가 꼭 필요해. 가입 전에 미리 꼭 말씀드리자.

회원 가입하기 또는 계정 만들기 버튼을 클릭하면 개인 정보 수집과 이용 약관에 동의하는지 물어볼 거야. 가입할 때 이름, 생일, 성별, 전화번호 같은 개인 정보를 적어야 하거든. 이용 약관은 사이트를 이용할 때 지켜야 하는 규칙이야. 가입하려면 '필수'라고 적혀 있는 체크 박스에 동의한다고 표시해야 해.

그다음은 아이디를 만들고 비밀번호를 설정하는 거야. 아이디는 포털 사이트에서 사용할 나만의 이름인데, 보통 영문자로 만들어. 비밀번호는 그 아이디를 지켜 주는 보호 장치지. 다른 사람이 쉽게 알 수 없도록 어렵게 만들어야 해.

✓ 포털 사이트에 회원 가입하기

포털 사이트에 가입할 특별한 아이디를 생각해 보고 뜻을 적어 줘. 비밀번호는 비밀이니까 여기에 적으면 안 돼!

- 아이디:

- 아이디의 뜻:

마음을 담은 이메일 보내기

 다른 나라로 이사 간 친구에게 빠르게 마음을 전하고 싶으면 어떻게 하는 게 좋을까? 그럴 땐 이메일을 보내 봐. 이메일은 디지털 세상에서 주고받는 편지야. '보내기' 버튼을 딸깍 클릭하는 순간, 편지가 바로 친구에게 도착해. 이메일은 글뿐만 아니라 사진이나 영상 같은 파일도 함께 보낼 수도 있어.
 이메일을 보내려면 먼저 포털 사이트에 로그인해야 해. 포

털 사이트에 가입하면 나만의 이메일 주소도 하나 생기거든. 로그인하고 '메일' 버튼을 클릭하면 이메일 서비스 화면으로 연결될 거야. 이메일도 실제 편지처럼 받는 사람 주소, 제목, 내용을 차례대로 적어야 해. 그러니까 받는 사람의 이메일 주소를 미리 확인해 두는 게 좋아. 자주 연락하는 친구의 주소는 주소록에 저장해 두면 더 편리하게 이용할 수 있어.

이메일을 다른 사람에게 보내지 않고 나에게 보내는 것도 가능해. 메모를 남기는 것처럼 글이나 사진 등을 저장하는 데에 쓰면 편리하지. 또 이메일을 쓰다가 바쁜 일이 생기면 임시 저장하고 나중에 다시 쓸 수도 있어. 내가 보낸 메일을 상대방이 읽었는지 확인하는 수신 확인 기능도 유용해. 만약 원하지 않는 광고 메일이 자꾸 올 때는 스팸 메일 차단 기능을 활용하면 메일함이 깔끔해질 거야.

이메일도 실제 편지를 쓰는 것처럼 예의를 지켜서 써야 해. 전하려는 내용을 쓰기 전에는 먼저 친절한 인사로 시작하는 게 좋아. 정성껏 쓴 이메일은 손으로 쓴 편지만큼이나 그 안에 담긴 따뜻한 마음을 잘 전해 줄 수 있거든.

✓ 친구나 가족에게 이메일 보내기

친구나 가족에게 이메일을 보내면서 이메일의 다양한 기능을 사용해 보자. 완료한 미션에는 체크를 해 봐.

- 주소록에 자주 쓰는 이메일 주소 저장하기 ☐

- 강조하고 싶은 내용에 밑줄, 굵은 글씨, 기울임, 색깔 등으로 표시하기 ☐

- 임시 저장 기능 사용해 보기 ☐

- 원하는 시간에 메일이 발송되는 예약 기능 사용해 보기 ☐

- 사진이나 그림 파일도 함께 보내기 ☐

- 메일을 보낸 후에 읽었는지 수신 확인하기 ☐

- 스팸 메일함과 휴지통 비우기 ☐

스팸 메일을 조심해!

　내가 원하지 않았는데도 자꾸 오는 이메일을 '스팸 메일'이라고 불러. 제목이 그럴싸해서 재미있어 보일 수도 있지만, 사실은 가짜 정보나 광고가 들어 있는 경우가 많아. 또 어떤 메일은 내 컴퓨터에 바이러스를 설치할 수도 있으니 조심해야 해.

　스팸 메일을 안전하게 막으려면 모르는 사람이 보낸 메일은 함부로 열어 보지 않는 게 좋아. 메일의 제목이 이상하거나 보낸 사람이 낯설다면 바로 삭제하자. 또는 '스팸 신고하기' 버튼을 클릭해서 다음부터는 바로 스팸 메일함으로 들어가게 할 수도 있어. 만약 자주 오는 광고 메일을 더 이상 받지 않고 싶을 땐, 메일의 내용 아래쪽에 있는 '수신 거부' 버튼을 눌러 봐.

　요즘은 대부분의 메일 시스템이 자동으로 스팸 메일을 걸러 줘. 예를 들어 신고를 많이 받은 주소에서 보낸 메일이나 '이벤트', '당첨' 같은 단어가 반복되는 수상한 메일은 컴퓨터가 알아서 스팸 메일함으로 넣어 주는 거지. 하지만 스팸 메일함을 비우기 전에는 내용을 한 번씩 확인해 보는 게 좋아. 가끔 중요한 메일이 잘못 들어가기도 하거든.

　만약 친구가 보낸 메일이 스팸 메일함에 잘못 들어갔다면 '스팸 해제' 버튼을 눌러서 일반 메일함으로 다시 보내면 돼.

디지털 세상 속 나의 명함

 디지털 세상에서 나를 멋지게 보여 주고 싶다면, 온라인 프로필을 만들어 봐.
 온라인 프로필은 디지털 세상에서 나를 소개하는 작은 명함 같은 거야. 다른 사람들이 앱이나 웹 페이지에서 내 프로필을 보면, 나를 더 쉽게 기억하고 알아볼 수 있어. 그래서 나만의 개성과 특징이 잘 드러나게 꾸미는 게 좋아.

프로필에는 사진과 이름이 꼭 필요하고, 상태 메시지에 하고 싶은 말을 적거나 이모티콘으로 기분을 표현할 수도 있어. 배경 음악이나 스티커로 꾸며서 더 재미있게 만들 수도 있지.

사진은 친구들이 한눈에 알아볼 수 있는 내 얼굴이나, 내가 좋아하는 동물 또는 캐릭터로 해도 좋아. 단, 직접 찍지 않은 사진을 쓸 때는 꼭 주인에게 허락을 받아야 해.

이름은 실제 이름을 쓰거나, 닉네임을 만들어 쓰기도 해. 닉네임을 쓰면 모르는 사람에게 진짜 이름을 공개하지 않아도 되니까 더 안전하고, 내 취미나 관심사도 쉽게 나타낼 수 있어.

√ 온라인 프로필 만들기

나만의 프로필에 들어갈 내용을 살펴보고, 직접 온라인 프로필을 만들어 봐.

- 어떤 사진을 쓸지, 이름과 닉네임 중 무엇을 사용할지
- 좋아하는 것, 취미, 배경 음악 등 나의 관심사
- 그 외에 더 소개하고 싶은 특별한 한두 가지

이모티콘으로 감정 표현하기

 친구와 직접 만나면 서로의 표정과 몸동작을 살피며 이야기하곤 해. 목소리나 말투로 친구의 기분을 짐작하기도 하지. 그런데 온라인 세상에서 글로만 대화할 때는 내 기분을 정확히 전하는 게 어려울 수도 있어. 그럴 때 바로 이모티콘이 필요해.

 이모티콘이란 '이모션(Emotion)'과 '아이콘(Icon)'이라는 단어를 합쳐서 만든 말이야. 감정을 나타내는 작은 그림이라는 뜻이지. 이모티콘을 이용하면 기쁨이나 슬픔 등의 감정은 물론, 음식이나 물건도 나타낼 수 있어.

무뚝뚝해 보이는 말도 이모티콘과 함께 쓰면 더 부드럽고 친절하게 전달할 수 있어서 좋아. 그런데 한번에 너무 많은 이모티콘을 사용하면 내용을 제대로 전달하기 어렵기도 해. 대화의 흐름을 고려해서 상황에 잘 맞는 이모티콘을 선택해 보자. 친구와의 대화가 훨씬 더 즐거워질 거야.

√ 이모티콘을 만들어 보기

감정을 잘 표현할 수 있는 이모티콘을 직접 만들어 보자.

- 다양한 기분을 이모티콘으로 그려 봐.

앱 쇼핑몰에서 골라보는 재미

스마트폰이나 태블릿을 보면 여러 아이콘들이 보일 거야. 각각의 아이콘들은 '애플리케이션', 줄여서 '앱'이라고 불러.

앱은 정말 종류가 다양해. 공부할 때 쓰는 사전 같은 학습 앱도 있고, 쉬는 시간에 이용할 수 있는 음악 앱이나 게임 앱도 있어. 그 밖에 일정 정리나 카메라 앱 등도 있지.

앱을 설치하려면 앱 스토어에 들어가서 원하는 앱을 검색하면 돼. 마음에 드는 앱을 찾으면 '설치하기' 버튼을 눌러. 설치가 완료되면 곧 '열기' 버튼이 나타날 거야.

앱을 설치할 때는 몇 가지 확인해야 할 점이 있어. 먼저 다른 사람들이 남긴 후기와 별점을 살펴보자. 후기가 안 좋다면 다른 앱을 찾아보는 게 좋아. 또 앱을 처음 시작할 때 꼭 필요한 정보만 요구하는지도 확인해 봐. 앱을 실행하는 데에 꼭 필요하지 않은 개인 정보를 더 요구한다면 주의해야 해.

잘 찾은 앱 하나하나가 생활을 훨씬 더 편리하게 만들어 줄 거야. 나에게 필요한 앱을 찾아 안전하게 설치해 봐!

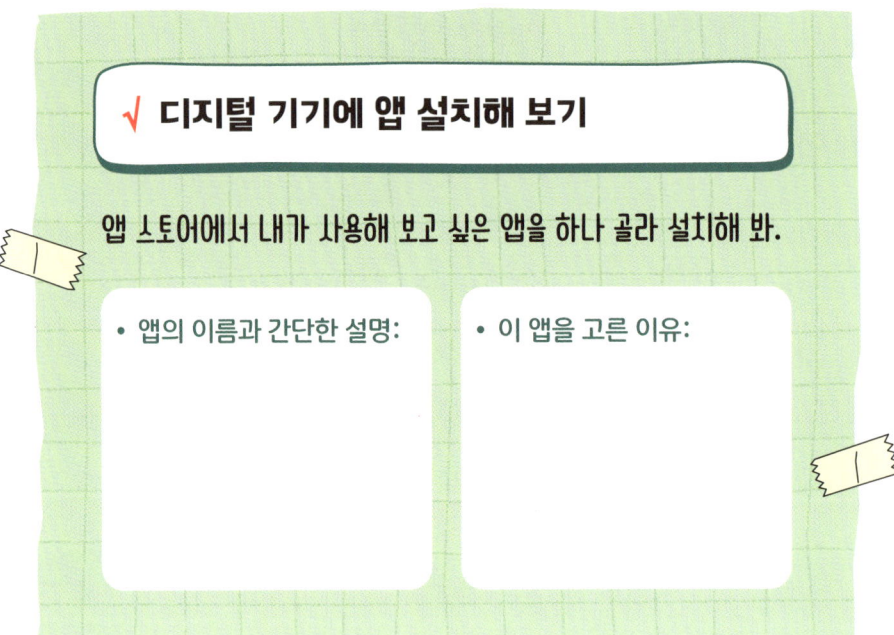

√ **디지털 기기에 앱 설치해 보기**

앱 스토어에서 내가 사용해 보고 싶은 앱을 하나 골라 설치해 봐.

- 앱의 이름과 간단한 설명:

- 이 앱을 고른 이유:

앱 접근 권한에 대해 알아보자!

　앱을 설치하고 처음 실행할 때, 접근 권한을 설정하라는 알림창이 뜨곤 해. 접근 권한이란 앱이 서비스를 제공하기 위해 디지털 기기의 어떤 기능이나 정보가 필요하니 접근할 수 있게 해달라고 미리 허락을 받는 거야.

　앱의 종류에 따라 요구하는 접근 권한이 달라져. 앱이 제대로 작동하기 위해 꼭 필요한 권한은 필수 접근 권한이라고 불러. 필수 접근 권한을 허락해 주지 않으면 아예 앱을 실행시킬 수 없기도 해. 예를 들어 카메라 앱에서는 사진을 찍고 확인해야 하니까 카메라 기능과 사진 앨범을 볼 수 있는 권한을 필수로 요구하는 거지.

　그런데 만약 어떤 앱이 너무 많은 접근 권한을 요구한다면 앱을 실행하기 전에 더 꼼꼼히 살펴보는 게 좋아. 예를 들어 계산기 앱이 카메라 기능, 위치 정보에 대해 접근하겠다고 요청한다면 어떨까? 그러면 앱 사용에 필요하지 않은 기능도 계속 켜 두게 되어서 배터리가 더 빨리 닳게 될 거야. 또 내가 원하지 않을 때 앱이 카메라를 켜고 몰래 사진을 찍어서 내 개인 정보를 훔쳐 갈지도 몰라.

　앞으로 앱을 설치할 때는 앱에서 요구하는 접근 권한도 꼼꼼히 살펴보고 꼭 필요한 부분만 허락하는 습관을 들여 봐!

스마트폰 속 정리왕 되기

공부를 시작하려고 할 때 책상 위에 잔뜩 흩어져 있는 물건들 때문에 불편했던 적 있니? 스마트폰 속 앱도 마찬가지야. 내가 설치한 앱을 한눈에 알 수 있도록 정리해 두는 게 좋아.

자주 사용하는 앱들은 홈 화면에 추가해 두면 편리해. 또 비슷한 주제의 앱들은 하나의 폴더로 묶어서 관리하면 좋아. 앱 아이콘을 꾹 눌러서 다른 앱 위로 끌어다 놓으면 폴더를 만들 수 있어. 어떤 주제로 묶었는지는 폴더 이름에 적으면 돼.

거의 사용하지 않는 앱은 과감하게 삭제하는 게 좋아. 앱이 너무 많아지면 저장 공간이 부족해서 스마트폰이 느려질 수 있거든. 앱 아이콘을 꾹 누르면 삭제 버튼이 나타날 거야. 혹시 나중에 필요해지면 다시 설치하면 되니까 걱정하지 마.

어떤 앱들은 새로운 소식이나 관심 정보를 알림으로 알려 주기도 해. 너무 많은 알림이 뜨지 않도록 꼭 필요한 알림만 남기고 나머지는 꺼 두는 게 좋아. 알림 설정은 톱니바퀴 모양의 설정 아이콘을 눌러서 바꿀 수 있어.

√ 스마트폰 속 앱 정리하기

내 스마트폰 속 앱들을 똑똑하게 정리해 보고, 정리 전과 후의 앱의 수를 기록해 봐.

- 정리 전 앱의 수:

- 정리 후 앱의 수:

QR코드로 재빠르게 정보 열기

과자 포장지나 광고판에서 정사각형 안에 검은 네모 칸들이 불규칙하게 들어가 있는 무늬를 본 적 있니? 그런 그림을 'QR코드' 또는 '정보 무늬'라고 불러. QR은 '빠른 응답(Quick Response)'이라는 단어를 줄여서 표현한 거야. 디지털 기기로 QR코드를 읽으면 정보가 담긴 웹 페이지로 바로 연결되거든.

QR코드는 크기가 작아도 글, 사진, 동영상 등 다양한 정보를 담을 수 있어서 여러 곳에서 널리 활용돼. 종이에 인쇄하지 않아도 정보를 전달할 수 있으니 친환경적이지. 전시회에서 작품 설명을 할 때나 기업들이 상품 홍보를 할 때, 연락처를 전달할 때도 QR코드가 쓰여. 메뉴판이나 설명서를 대신할 수도 있어.

그런데 아무 QR코드나 함부로 찍어 보면 안 돼. 출처가 확실하지 않은 QR코드 속에는 개인 정보를 훔쳐 가거나 바이러스를 심는 프로그램이 들어 있을 수도 있어. 또 결제를 요구하거나 앱을 설치하게 하는 경우도 조심해야 해.

√ QR코드 찾아서 찍어 보기

집 안 곳곳에 숨어 있는 QR코드를 찾아보고, 카메라 앱으로 찍어서 열어 봐.

- QR코드를 찾은 장소 또는 물건:

- QR코드 속에 담겨 있던 정보 소개하기:

자주 찾는 웹사이트는 북마크로 뚝딱 저장하기

읽던 책에 책갈피를 끼워 두면 다음에 읽을 때 금방 다시 펼치기 쉬워. 인터넷을 사용할 때도 자주 들어가는 웹사이트는 책갈피처럼 따로 표시해 놓을 수 있어. 그러면 주소를 일일이 다 적지 않아도 클릭 한 번으로 쉽게 찾아갈 수 있거든.

자주 들어가는 웹사이트는 인터넷을 켜자마자 바로 열리면 편하겠지? 그럴 땐 시작 페이지로 설정해 두는 거야. 먼저 인터넷 창 오른쪽 위에 있는 점 세 개 버튼을 누르고 설정을 찾아 봐. 거기에서 시작 관련 항목을 누르면 웹사이트 주소를 적을 수 있어. 크롬을 예로 들면 '설정 → 시작 시 설정 → 특정 페이지 또는 페이지 모음 열기 → 새 페이지 추가'를 누르면 돼.

그 밖에 자주 사용하는 웹사이트들은 즐겨찾기 또는 북마크 폴더에 모아서 저장해 보자. 방법은 정말 간단해. 주소가 적혀 있는 주소창의 오른쪽 끝부분에 있는 별 모양 아이콘을 클릭해 봐. 만약 다른 웹사이트 주소를 직접 입력해서 저장하고 싶으면 화면 오른쪽 위의 점 세 개 버튼을 누르고 즐겨찾기 관련 메뉴로 들어가면 돼.

즐겨찾기 목록 중에서도 특히 자주 들어가는 웹사이트가 있다면 더 잘 보이는 곳에 따로 올려 두면 편해. 주소창 아래쪽에 가로로 길게 놓인 즐겨찾기 막대 또는 북마크 바를 이용하는 거지. 웹사이트를 즐겨찾기 폴더에 추가할 때 저장 위치를 북마크 바나 즐겨찾기 막대로 선택하면, 인터넷 화면을 켜자마자 바로 보여서 더 빠르게 이동할 수 있어.

이렇게 내가 자주 가는 웹사이트를 모아서 정리하면 인터넷을 훨씬 더 편리하고 똑똑하게 사용할 수 있을 거야. 지금 바로 나만의 인터넷 책갈피 정리를 시작해 봐!

√ 즐겨 찾는 웹사이트 소개하기

자주 사용하는 웹사이트들을 즐겨찾기 폴더에 넣어서 정리해 보자. 그리고 그중에서 내가 가장 자주 사용하는 웹사이트 하나를 골라 소개해 봐.

- 내가 고른 웹사이트 이름:

- 웹사이트 소개:

- 이 웹사이트에 접속하는 횟수: 한 달에 (   )번 정도

- 이 웹사이트를 자주 사용하는 이유:

인터넷 바다에서 정보 찾기 모험

 인터넷은 정보의 바다라고 부르기도 해. 넓은 바다 위를 서프보드를 타고 누비는 사람들처럼, 우리도 인터넷 속에서 신나게 정보 서핑을 하며 궁금한 내용을 찾아볼까?
 포털 사이트에 들어가면 알아보고 싶은 내용을 입력할 수 있는 기다란 줄이 보일 거야. 이 줄을 검색창이라고 불러. 내가 알고 싶은 내용과 관련 있는 중요한 낱말을 검색창에 적고,

돋보기 아이콘을 클릭하거나 키보드의 엔터키를 눌러 봐.

검색창에 글자를 적기 시작하면 그 아래에 추천 검색어가 여러 개 뜨는 걸 볼 수 있어. 추천 검색어는 나와 비슷한 궁금증을 가진 다른 사람들이 자주 찾아본 내용이야.

그리고 검색창 아래에 '이미지', '뉴스', '동영상' 등의 메뉴 버튼이 보일 거야. 이 중에서 원하는 것을 선택하면 종류에 따라 보기 쉽게 모아서 볼 수 있지.

하지만 인터넷에는 잘못된 정보도 있으니까 조심해야 해. 정보의 출처가 믿을 만한지 꼭 확인하는 게 좋아.

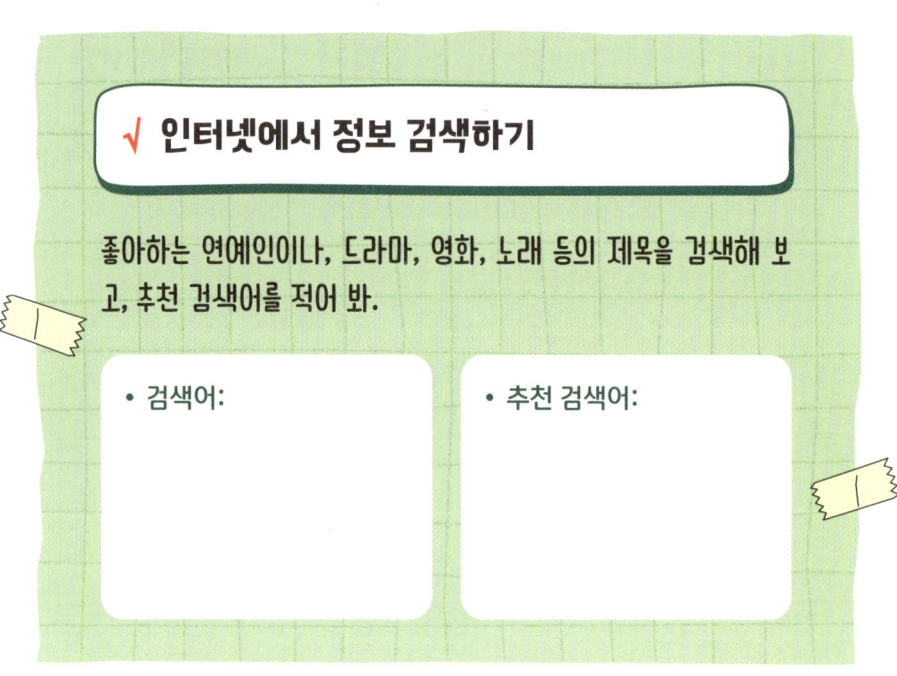

√ 인터넷에서 정보 검색하기

좋아하는 연예인이나, 드라마, 영화, 노래 등의 제목을 검색해 보고, 추천 검색어를 적어 봐.

- 검색어:

- 추천 검색어:

2장
즐기는 디지털 시민

디지털 세상에는 재미있는 것들이 정말 많아. 게임도 하고, 애니메이션을 스트리밍 서비스로 보거나, 웹툰과 전자책도 즐길 수 있어. 또 메타버스에서 친구를 만나고, 길거리에서 멋진 디지털 예술을 즐기다 보면 우리의 하루가 훨씬 더 신나고 특별해질 거야. 디지털 세상을 더욱 건강하고 즐겁게 누리려면 나에게 잘 맞는 방법을 찾는 게 중요해. 재미있고 멋진 디지털 세상을 함께 알아보지 않을래?

온 가족이 함께 떠나는 유튜브 탐험

　우리나라 사람들 10명 중 9명이 유튜브를 본다고 해. 혹시 평소에 자주 보는 유튜브 채널이 있니?

　유튜브에 영상을 올리는 사람은 '유튜버'라고 해. 유튜버는 자신의 채널에 다양한 동영상을 올리고 시청자들과 소통해. '채널'은 유튜버가 자신만의 영상을 모아서 올리는 공간인데, 다양한 주제와 개성을 가진 채널이 많지.

영상을 보다가 마음에 드는 영상을 만나면 '좋아요'를 누르거나, 채널이 마음에 들면 '구독'을 누르기도 해. 구독하면 채널에 새 영상이 올라올 때마다 바로 알림을 받을 수 있어.

구독자 수가 많을수록 그 채널이 인기가 많다는 뜻이야. 간혹 사람들의 시선을 끌려고 바람직하지 않은 영상을 올리는 채널인지도 꼭 살펴보자. 유튜브는 모두가 함께 즐겁고 안전하게 이용하는 공간이어야 하니까.

내가 보고 있는 채널이나 가족이 보고 있는 채널을 알아보고, 함께 영상을 시청하고 얘기를 나눠 볼까?

√ 우리 가족이 좋아하는 채널 알아보기

우리 가족이 평소에 자주 보는 유튜브 채널이나 영상을 조사하고 함께 시청해 보자.

- 나:
- (   ):
- (   ):

유튜브 알고리즘으로부터 나를 지키기

유튜브를 보다 보면, 내가 좋아하는 영상이 계속 추천돼서 시간 가는 줄 모를 때가 많아. 그런데 유튜브는 어떻게 내가 좋아하는 영상을 척척 찾아내는지 궁금하지 않아?

비결은 '알고리즘'이야. 알고리즘은 어떤 문제를 쉽게 해결하거나, 일을 빠르고 정확하게 하려고 정한 규칙을 말해. 수학 문제를 풀 때 정해진 순서대로 푸는 것과 비슷하지. 사용자의 이용 기록을 규칙대로 분석한 알고리즘은 취향에 딱 맞는 콘텐츠를 줄줄이 추천해 줘. 특히 사람들이 많이 클릭할 것 같은 제목이나 섬네일(영상 클릭 전 보이는 그림)의 영상은 더 눈에 잘 띄게 보여 주기도 해. 유튜브 알고리즘이 사람들이 오래 머물면서 더 많은 영상을 보게끔 설계되었기 때문이야.

유튜브 알고리즘 덕분에 관심사에 꼭 맞는 영상을 쉽게 찾을 수 있어서 정말 편리해. 하지만 비슷한 영상만 계속 보게 되면 다른 생각을 접하기 어려워질 수도 있어. 알고리즘이 이끄는 대로만 영상을 시청하면 놓치는 정보들이 많거든.

그래서 유튜브를 똑똑하게 사용하는 것이 중요해. 가끔은 알고리즘 도움 없이 직접 보고 싶은 영상 주제를 검색창에 직접 입력하거나, 좋아하는 영상만 골라 나만의 플레이리스트를 만들어 보는 것도 좋아. 이렇게 다양한 생각과 만난다면, 생각 주머니가 훨씬 커질 거야.

√ 유튜브 알고리즘 차단하기

유튜브 알고리즘을 차단해 보고 이용 시간이 어떻게 달라졌는지 관찰해 봐.

★ 유튜브 알고리즘을 차단하는 방법

1. 유튜브 앱 접속하기

2. 내 페이지 누르기

3. 오른쪽 위에 설정(톱니바퀴 모양) 누르기

4. '전체 기록 관리'의 '기록' 탭에서 시청 기록 삭제, '제어' 탭에서 시청 기록과 검색 기록을 저장하는 기능 '사용 중지' 하기

★ 유튜브 이용 시간이 어떻게 달라졌어?

- 차단하기 전 (　　　) 시간

- 차단한 후 (　　　) 시간

숏폼 챌린지로 크리에이터 도전하기

숏폼 영상을 잠깐만 보려고 했는데 어느새 여러 편을 연달아 본 경험, 한 번쯤은 있을 거야.

'숏폼(Short Form)'은 길이가 짧은 영상 콘텐츠를 말해. 틱톡, 유튜브 쇼츠, 인스타그램 릴스가 대표적인 플랫폼이지. 이제 우리도 보기만 하지 말고, 숏폼을 직접 만들어 보자. 사람들의 눈길을 사로잡을 수 있는 숏폼 영상, 어떻게 만들 수 있을까?

먼저, 한 가지 영상에는 한 가지 주제만 집중하는 게 좋아. 짧은 영상에 너무 많은 내용을 담기는 어렵기 때문이야. 예를 들어 '학교 급식 시간 꿀팁 3가지', '아침에 10초 만에 일어나는 방법'처럼 구체적인 주제를 하나 정해 봐.

영상은 시작 3초가 가장 중요해. 사람들은 재미없으면 바로 넘기기 때문에, 처음에 시선을 사로잡는 문장이나 장면을 넣는 게 좋아. 예를 들어, '이거 모르면 절대 손해' 같은 문장이나, 눈에 띄는 화면 효과, 색깔, 소리 사용도 효과적이지.

내용은 따라 하고 싶도록 쉽고 재미가 있어야 해. 예를 들어 음식 레시피, 간단한 만들기, 댄스 챌린지, 생활 꿀팁처럼 친구들도 쉽게 따라 할 수 있고, 준비물을 구하기도 쉬우면 좋겠지. 영상 중간에 깜짝 장면을 넣으면 끝까지 보는 사람이 많아질 거야.

그렇지만 거짓말을 하거나 과장을 해서 시선을 끌려고 하면 안 되는 거 알고 있지? 밝고 긍정적인, 그리고 나만의 아이디어와 개성이 담긴 영상을 만들어 보자. 자, 이제 유행을 이끌어 볼 준비가 되었니?

✓ 숏폼 챌린지 계획 세우기

숏폼 영상을 만들기 위해서는 계획이 필요해. 내가 만들 숏폼 영상을 생각해 보고 아래 계획서를 완성해 봐.

나만의 숏폼 계획서

- 영상 제목:
- 영상 주제:
- 영상 길이: ☐ 10초 ☐ 20초 ☐ 30초
- 등장인물:
- 필요한 소품:

- 영상 흐름

장면	장면 설명
1	예) 어버이날 부모님 감동시키는 3가지 방법
2	예) 첫째, 정성껏 손편지 만들기
3	예) 둘째, 따뜻하게 안아 드리기
4	예) 셋째, 모은 용돈으로 예쁜 선물 준비하기

오늘부터 웹툰 작가가 될 수 있어

웹툰 작가는 요즘 정말 인기 있는 직업이야. 초등학생 희망 직업 순위 20위 안에 들 정도로 많은 사랑을 받고 있지. 웹툰이 인기를 끌면 그 이야기를 바탕으로 드라마, 영화, 게임 같은 2차 창작물이 만들어지기도 해. 정말 멋지지? 그런데 웹툰 작가는 어른들만 할 수 있는 일이 아니야. 상상력만 있다면 누구든지 도전할 수 있지.

먼저, 이야기의 시작, 중간, 끝을 떠올려 보자. '만약 ~라면?'이라는 마법의 질문으로 재미있는 장면을 생각해 볼 수 있어. 예를 들어, '만약 착한 사람들을 돕는 천사가 나타난다면?', '만약 내가 조선 시대 왕으로 다시 태어난다면?'처럼 말이야. 친구와 함께 상상 놀이를 하면 더 신나는 아이디어가 떠오를 거야.

다음은 이야기 속 주인공을 만들어 볼 차례야. 어떤 성격인지, 좋아하는 것과 싫어하는 것은 무엇인지 생각해 봐. 얼굴도 직접 그려 보는 건 어때? 그림을 못 그려도 괜찮아.

처음부터 긴 이야기를 만들 필요는 없어. 3~4칸짜리 짧은 웹툰부터 시작해 보자. 첫 장면은 어떻게 시작할까? 어떤 장면에서 사람들의 눈을 사로잡을 수 있을까? '쿵', '후다닥', '두근두근' 같은 의성어, 의태어를 넣으면 훨씬 더 생생해져.

웹툰을 그릴 때 컴퓨터나 태블릿과 같은 디지털 도구를 많이 사용하고 있어. 간단한 앱이나 프로그램으로 쉽게 시작할 수 있지만, 처음에는 종이와 연필, 색연필만으로도 충분해.

완성한 웹툰은 주변 사람들에게 보여 주고, 사람들의 반응도 살펴보면 어떨까? 가장 중요한 건 이야기를 만들어 보는 용기야. 잘 그리고 잘 쓰는 것보다, 내 상상력을 믿고 표현해 보는 마음이 훨씬 더 소중하거든.

√ 웹툰 속 캐릭터에 생명력 불어넣기

오늘부터 웹툰 작가에 도전해 보는 건 어때? 웹툰 속 캐릭터를 상상하고 그려 봐. 그리고 그림을 움직이게 만들어 주는 AI 도구 'Animated Drawings'로 살아 있는 캐릭터를 만들자.

만드는 방법

① 캐릭터를 그리고 카메라로 찍어. 얼굴, 팔, 다리, 몸통 구분이 정확해야 인식이 잘돼. 테두리를 굵게 그리자. 사진은 화면이 가득 차도록 크게 찍어.

② https://sketch.metademolab.com 사이트에 들어가서 'Try it now'를 눌러.

③ 'Upload Photo' 버튼을 눌러서 미리 찍어 둔 캐릭터 사진 파일을 선택해.

④ 캐릭터가 인식됐으면 딱 하나의 캐릭터만 들어가도록 상자 크기를 조절해.

⑤ 캐릭터가 배경과 잘 분리되었는지 확인하고, 몸 전체가 선택되도록 펜과 지우개 도구로 고쳐 줘.

⑥ 캐릭터가 자연스럽게 움직일 수 있도록 관절 위치를 정확히 표시해.

⑦ 예시에 있는 모션을 선택하고 내가 그린 캐릭터가 움직이면 완성! 공유하거나, 저장도 해 봐.

종이책과 다른 매력, 전자책 읽기

　예전에는 책을 읽으려면 종이책을 펼쳐서 읽어야 했지만, 이제는 디지털 기기로 전자책을 읽는 사람들이 많아졌어.
　종이책은 익숙해서 좋아. 책장을 직접 넘기면서, 어디까지 읽었는지 쉽게 알 수 있어. 책에 밑줄을 긋거나 메모도 할 수 있어서, 책의 내용을 더 잘 이해하고 오래 기억하기도 쉽지.
　전자책은 무거운 책을 들고 다니지 않아도 돼. 기기 안에 여러 권의 책을 넣을 수 있거든. 또 그림, 영상, 소리 같은 다양한 콘텐츠가 들어 있는 전자책도 있어서 흥미롭게 읽을 수 있어. 모르는 단어도 바로 검색할 수 있고 말이야.

그리고 전자책은 종이책보다 만드는 과정이 훨씬 간단해. 그만큼 시간과 비용이 적게 들어서 가격도 종이책보다 더 저렴한 편이야. 전자책 구독 서비스를 이용할 수도 있어. 이건 한 달에 돈을 한 번만 내면 전자책을 마음껏 읽을 수 있는 서비스야.

√ 전자책과 종이책 비교해 보기

전자책과 종이책을 모두 읽어 보고, 어떤 것이 더 좋았는지 생각해 봐. 둘 중 어떤 것이 더 좋아? 그 이유도 써 보자.

- (전자책 / 종이책) 읽기가 좋다.

- 이유:

어디서든 스트리밍 세상 속으로

요즘은 스마트폰이나 태블릿으로 좋아하는 영상만 골라볼 수 있어서 스트리밍 서비스를 많이 이용해. '스트리밍 서비스'란 인터넷만 연결돼 있으면 영상이나 음악을 바로 재생할 수 있는 서비스야. 유튜브, 넷플릭스, 디즈니 플러스 등이 있지.

인터넷이 되는 기기라면 어디서든 볼 수 있어. 집은 물론이고 자동차나 기차 안, 심지어 다른 나라에서도 가능하지. 보고 싶은 시리즈는 즐겨찾기로 저장해서 다시 볼 수도 있어. 또 자막이나 재생 속도를 조절할 수도 있지.

하지만 스트리밍 서비스를 이용할 때는 시간 약속이 필요해. 영상이 계속 이어져서 멈추기 어렵거든. 숙제를 마치고 한 편만 보기, 무서운 콘텐츠는 어른과 함께 보기, 밤늦게까지 보지 않기처럼 나만의 규칙을 세워 두는 게 좋아.

스트리밍 서비스는 우리에게 보는 즐거움을 주지만, 시청 시간을 스스로 조절하고 약속을 꼭 지키는 습관이 필요해. 오늘부터는 똑똑하게, 그리고 건강하게 콘텐츠를 즐겨 보자!

✓ 나만의 시청 약속표 만들기

스트리밍 서비스를 일주일 동안 언제, 얼마나 볼지 직접 계획해 보고 실천해 보자. 보지 않을 날에는 X 표시를 해 봐.

월	화	수	목	금	토	일

진짜야, 가짜야?
둘 다 되는 신기한 메타버스 여행

게임 속에서 친구들과 블록을 쌓거나 예쁜 필터로 사진을 찍은 적 있니? 화상 회의 앱으로 수업을 해 봤다면, 이미 현실과 메타버스를 오가는 경험을 한 거야.

'메타버스(Metaverse)'는 '초월하다'는 뜻의 '메타(Meta)'와 '세상'을 뜻하는 '유니버스(Universe)'가 합쳐진 말이야. 현실과 비슷하면서도 상상력이 더해진 새로운 디지털 세계를 뜻하지.

메타버스에는 여러 형태가 있어. 현실 위에 가상의 요소를 더한 증강 현실(포켓몬고), 일상을 기록하고 나누는 라이프로깅(인스타그램), 실제 세상을 비춘 거울 세계(구글어스), 그리고 상상으로 만든 가상 세계(로블록스, 마인크래프트) 등이야.

이곳에서는 시간과 장소의 제약 없이 다양한 활동을 즐길 수 있어. 현실에서 어렵거나 위험한 비행 훈련, 과학 실험, 재난 체험도 안전하게 해 볼 수 있지. 놀이와 학습은 물론이고 사람들과 만나 일하고 소통하는 새로운 방식으로 발전하고 있어. 메타버스는 단순한 게임 속 공간이 아니라, 상상하는 미래가 현실이 되는 또 하나의 세상이야.

✓ 메타버스 퀘스트 만들기

현실을 메타버스라고 생각하고 친구와 함께 안전하고 재미있는 퀘스트를 만들어 봐.

신나는 게임 속, '게임 머니'는 뭘까

우리나라는 세계에서 손꼽히는 게임 강국이야. 2023년 기준으로 세계 게임 시장 점유율 4위를 차지할 만큼, 한국 게임의 영향력은 커. 하지만 아무리 게임이 재미있어도 게임 머니를 쓸 때는 주의해야 해.

'게임 머니'는 게임 안에서만 쓸 수 있는 가상의 돈이야. 현실의 돈처럼 보이지만, 실제 가치는 없어. 캐릭터 옷이나 아이템을 사고, 빠르게 레벨을 올릴 수 있어서 게임이 더 재미있어지지만, 그만큼 돈을 쓰게 만들기도 하지.

게임 회사는 게임 머니를 팔아 돈을 벌기도 해. 그래서 일일 접속 보너스, 첫 구매 특별 아이템, 한정판 아이템 판매 같은 방법으로 우리를 유혹해. 하지만 이런 유혹에 빠져 계속 결제하다 보면, 용돈을 훌쩍 써 버리기 쉽고, 게임 서비스가 갑자기 종료된다면, 그동안 들인 돈을 돌려받지 못할 수도 있어.

게임은 정말 즐거운 놀이지만, 게임 머니처럼 진짜 돈을 들여야 할 때는 한 번 더 생각해 보자.

✓ 게임 머니 결제 유혹 뿌리치기

좋아하는 게임의 이벤트나 상점 화면을 살펴보고, 어떤 방식으로 결제를 유도하는지 단어들을 써 봐. '한정판'이나, '첫 구매 보너스' 같은 단어들만 조심해도 현명한 소비를 하는 데 도움이 될 거야.

사람이 만들지 않아도 예술일까?

 '예술'이라고 하면 흔히 화가가 그림을 그리고, 조각가가 돌을 다듬는 모습을 떠올리기 쉽지. 그런데 요즘은 디지털 기술을 이용한 예술, 즉 '디지털 아트'가 주목받고 있어.

 '디지털 아트'는 컴퓨터, 태블릿, 소프트웨어 같은 도구를 활용해 그림, 영상, 조각 등 다양한 형태로 표현하는 예술이야.

 디지털 아트의 시작은 비디오 아트 작가들이 텔레비전이나 컴퓨터를 활용한 작품에서 찾을 수 있어. 여러 대의 텔레비전을 연결하거나, 관람자가 직접 화면을 조작하는 작품처럼 기술이 예술에 새로운 재미를 더한 거야.

지금의 디지털 아트는 디지털 페인팅, 미디어 아트, 프로젝션 매핑 등으로 더 다양해졌어. 작품은 디지털 파일로 저장돼 복제와 편집이 쉽고, 전시장뿐 아니라 온라인에서도 전 세계 사람들과 공유할 수 있지.

요즘은 AI로 만든 작품도 등장하고 있어. 2022년엔 미국의 한 미술 대회에서 AI가 만든 이미지가 1등을 하면서 논란이 있었어. 사람의 손이 직접 닿지 않은 작품도 예술일까?

√ AI가 만든 작품도 예술일까?

AI가 만든 그림, 음악, 영화는 점점 많아질 텐데, AI가 만든 작품도 예술이라고 할 수 있을까? 네 생각은 어때?

- 나는 AI가 만든 작품이
  （　예술이라고　/　예술이 아니라고　） 생각해.
- 왜냐하면

스마트폰을 스마트하게 사용하기

스마트폰은 사진을 찍고, 정보를 찾고, 친구와 연락할 수 있는 아주 편리한 도구야. 하지만 그냥 쓰는 것보다, 진짜 스마트하게 활용하면 훨씬 멋지고 유익하게 쓸 수 있어. 오늘은 스마트폰을 더 똑똑하게 쓰는 세 가지 방법을 알려 줄게.

첫째, 나의 학습과 생활을 돕는 앱을 활용하는 거야. 사전 앱을 설치하면 모르는 단어를 바로 찾아볼 수 있고, 시간표나

할 일 앱을 쓰면 하루 계획을 깔끔하게 정리할 수 있어. 알림 기능을 켜 두면 숙제를 잊지 않을 수 있고, 날씨 앱으로 내일 비가 오는지 확인해 옷차림이나 우산을 미리 준비할 수 있지.

둘째, 기본 설정과 기능을 내게 맞게 활용하는 거야. 기본 기능에는 화면을 저장하는 '스크린샷', 중요한 내용을 적어 두는 '메모장', 글씨를 크게 볼 수 있는 '접근성 기능' 같은 유용한 기능이 많아. 알림 소리를 바꾸거나 화면 밝기를 자동으로 조절할 수도 있지. 자주 쓰는 기능만 홈 화면에 정리해 두면 복잡한 앱들 속에서 헤매지 않고 필요한 걸 바로 찾을 수 있어.

셋째, 스마트폰으로 목표 달성 기록을 남기는 거야. 건강 앱으로 하루 걸음 수를 기록하고, 독서 시간을 알려 주는 앱을 쓰면 성취감도 느낄 수 있지. 스마트폰이 나를 방해하는 기계가 아니라, 똑똑한 비서처럼 나를 도와주는 도구가 되는 거야.

조금만 관심을 가지고 살펴보면, 스마트폰은 단순한 기계가 아니라 더 스마트한 생활을 만들어 주는 멋진 친구가 될 수 있어.

✓ 우리 가족 스마트폰 사용 규칙 만들기

아래의 예시 규칙을 참고해서, 나와 가족이 함께 지킬 우리 집에서 꼭 지켜야 할 스마트폰 사용 규칙 3가지를 만들어 봐.

- **스마트폰 사용 규칙의 예**

  ① 스마트폰은 하루 1시간만 사용한다.
  ② 비밀번호는 가족 외에는 공유하지 않는다.
  ③ 실명, 학교, 주소 등 개인 정보는 올리지 않는다.
  ④ 부모님이나 선생님께 보여 주기 어려운 글이나 사진은 올리지 않는다.
  ⑤ 다른 사람의 사생활은 공유하지 않는다.
  ⑥ 모르는 사람과는 연락하거나 만나지 않는다.
  ⑦ 인터넷 결제는 반드시 부모님과 상의한다.
  ⑧ 해로운 내용을 막기 위해 필터링 기능을 설정한다.
  ⑨ 앱이나 영상은 함부로 다운로드하지 않는다.
  ⑩ 다른 사람의 콘텐츠는 허락 없이 사용하지 않는다.

우리 가족이 꼭 지켜야 할 스마트폰 사용 규칙	
1	
2	
3	

나는 스마트폰에 얼마나 의존하고 있을까?

요즘 스마트폰이 없으면 허전하거나 불안한 기분이 들지 않아? 아래 체크리스트를 통해 스마트폰에 의존하는 정도를 한 번 확인해 봐.

체크리스트

- [ ] 알림이 오지 않아도 자꾸 스마트폰을 확인하게 된다.
- [ ] 잠자리에 누워서도 스마트폰을 보느라 잠드는 시간이 늦어진다.
- [ ] 밥을 먹거나 화장실에 갈 때도 스마트폰을 들고 간다.
- [ ] 수업 시간이나 공부 중에도 몰래 스마트폰을 본 적이 있다.
- [ ] 친구를 만나도 대화하기보다 스마트폰을 더 자주 본다.
- [ ] 스마트폰이 없으면 불안하거나 심심하다.
- [ ] 실제로 만나는 친구보다 온라인 친구가 더 많다.
- [ ] 스마트폰을 사용할 때가 가장 즐겁고, 못 쓰면 짜증이 난다.
- [ ] 가족이나 친구와 시간을 보내는 것보다 스마트폰 보는 게 더 재미있다.
- [ ] SNS 글을 보고 기분이 나빠져 감정적으로 댓글을 단 적이 있다.
- [ ] 스마트폰이 없는 생활은 너무 불편해서 상상조차 하기 싫다.
- [ ] 알림이 없는데도 진동이 느껴지거나 소리가 들린 것 같은 적이 있다.
- [ ] 요즘 의욕이 없고, 나만 외로운 것 같은 기분이 자주 든다.

총 몇 개에 체크했어? (   )개

- [ ] 0~3개 스마트폰을 잘 조절하고 있어.
- [ ] 4~7개 스마트폰 사용 습관을 한 번 돌아볼 필요가 있어.
- [ ] 8개 이상 스마트폰 의존이 높은 상태야. 사용 시간과 습관을 꼭 점검해 봐.

3장
AI와 함께하는 디지털 시민

AI(인공지능)는 정말 놀라워. 글도 잘 쓰고, 그림 그리기, 음악 만들기 등 못하는 게 없는 것 같아. 앞으로도 AI는 더욱더 발달할 거야. 먼저 AI가 무엇인지 알아보자. 그리고 AI로 할 수 있는 것들은 어떤 것이 있는지 살펴보고 직접 체험해 보는 거야. 그런데 AI를 사용할 때 우리가 지켜야 할 규칙과 주의해야 할 점에 대해서도 충분히 알아봐야 해. 자, 지금부터 AI를 잘 사용하는 똑똑한 디지털 시민이 되어 보자!

AI의 세계로 탐험하기

 만약 AI가 학교에 같이 다니면 어떨까? 쉬는 시간에 고민을 상담해 주고, 숙제를 하다가 모르는 문제가 나오면 알려 주는 친구. 게다가 네가 좋아하는 게임이나 노래도 척척 알고 있는 그런 친구 말이야. 놀랍게도 이미 AI는 그런 역할을 하고 있어.

 동영상 애플리케이션에서는 내가 좋아할 만한 영상만 나오지? 스마트폰에 "오늘 날씨 어때?"라고 물으면 날씨를 알려 줘. 사진 속 친구의 얼굴을 자동으로 인식해서 그 친구가 있는 사진만 따로 정리할 수도 있어.

이런 건 AI가 배운 걸 바탕으로 판단하고 알려 주는 거야. 마치 사람처럼 배우고, 생각하고, 행동할 수 있지. 네가 뭘 좋아하는지 살펴보다가 "얘는 공룡 영상을 좋아하네?" 하고 혼자서 기억하고, 다음에 또 보여 주려고 준비하지.

나중에는 AI를 잘 활용하는 사람과 그렇지 못한 사람 사이에 지식과 기회의 차이가 커지는 문제가 생길 수도 있어.

√ AI 동물에 빗대어 표현하기

AI는 기계지만, 어떤 동물처럼 느껴질 때도 있어. AI가 어떤 모습일지 상상해서 동물로 표현해 보자.

- AI 이름:

- 동물 모습:

- 이유:

미션 22

AI를 100% 믿지 않기

 AI가 알려 주는 정보는 언제나 믿을 수 있을까? 'AI가 말했으니까 무조건 맞겠지.'라고 생각한 적 있니? AI는 아주 똑똑하지만 실수할 때도 많아. 심지어 틀린 말을 아주 당당하게 할 때도 있어.

 예를 들어, 어떤 AI에게 "《조선왕조실록》에 기록된 세종 대왕 맥북 프로 던짐 사건에 대해 알려 줘."라고 물어봤더니,

"세종 대왕이 한글을 만들다가 맥북 프로를 던진 사건입니다." 라고 잘못 알려 줬던 일이 있었어. 세종 대왕은 1400년대에 살았는데 맥북 프로는 요즘 물건이잖아. 뭔가 이상하지?

또 다른 AI 이미지 분류 시스템은 흑인 남성을 고릴라로 잘못 분류해서 큰 논란이 있기도 했어.

왜 이런 일이 생길까? AI는 우리처럼 생각하지 못하고, 학습한 데이터에만 의존해서 대답하기 때문이야. 데이터가 부족하거나, 이상한 걸 잘못 배웠거나, 한쪽 방향으로 치우친 정보를 학습하면 AI도 똑같이 잘못된 판단을 하지.

AI는 똑똑하지만, 무엇이든 정답만 알고 있는 기계는 아니야. 그러니 AI가 한 말을 그대로 믿지 말고, 항상 확인하고 살펴보는 습관이 필요해.

AI는 주어진 데이터를 바탕으로 배우기 때문에, 우리가 똑똑하게 질문하고 비판적으로 생각할 줄 알아야 해. AI를 자주 쓰는 디지털 시민이 되려면 정말 이 말이 맞는 말인지 꼭 한 번 더 생각하는 사람이어야 한다는 거 잊지 마.

✓ 정답은 하나일까? AI와 친구, 책에 물어보기

같은 질문을 여러 곳에 해 보면, 다른 대답이 나올 수도 있다는 걸 알 수 있어. AI, 책, 사람에게 똑같은 질문을 해 보고 그 대답을 서로 비교해 보자.

1. 다음 중 하나를 골라 질문해 보자.

- 고양이는 채소를 먹어도 될까?
- 이순신 장군이 일본과 싸운 가장 유명한 전투는?
- 물고기는 눈을 감고 잘까?

2. 그다음 아래 표를 채워 보자!

내가 고른 질문	
AI의 대답	
책에서 찾은 정보	
친구의 대답	

AI에게 똑똑하게 질문하는 기술

AI에게 "고양이는 어떻게 키워?"라고 물어보면, 술술 알려 줄 거야. 하지만 쓸데없는 정보들이나, 이미 아는 내용이라 시시하게 느껴질 수도 있지.

AI에게 더 구체적인 상황을 설명하고, 궁금한 점을 자세히 물어볼수록 알찬 답을 얻을 수 있어. 예를 들어, 내가 키우는 고양이의 나이와 종류, 성격 등을 구체적으로 말해야 더 자세한 대답이 나와.

AI에게 역할을 줄 수도 있어. "너는 고양이를 수십 년 동안 키워 본 사육사야."라든지 "너는 동물을 연구하는 동물학자야."처럼 말하면 돼. 그럼 더 좋은 대답을 얻을 수 있을 거야.

질문하는 목적을 자세히 말해도 좋아. "고양이가 너무 살이 쪄서 다이어트가 필요한데, 내가 키우는 고양이에게 알맞은 운동 프로그램을 알려 줘."처럼 필요한 것을 물어보는 거지.

AI에게 질문할 때는 궁금한 걸 물어보는 것에서 멈추지 않고 어떻게 물어볼지를 고민하는 습관도 함께 길러 보자.

✓ 좋은 질문으로 만들어 보기

질문을 더 똑똑하고 구체적으로 바꿔 봐. 원래 질문과 바꾼 질문을 AI에게 물어보고, 대답을 비교해 보면 재밌을 거야.

원래 질문	바꾼 질문
예) 고양이는 어떻게 키워?	매일 30분씩 고양이를 훈련하려고 하는데 내가 키우는 고양이에게 알맞은 운동 프로그램을 알려 줘.
공부를 잘하려면 어떻게 해야 해?	

AI에게 똑똑하게 질문하는 방법

AI는 뭐든지 정확하게 알려 줄까? 가끔 AI는 말귀를 못 알아듣는 엉뚱한 친구일 때도 있어. 똑똑하게 질문하는 방법을 살펴보자.

방법 ❶ 하고 싶은 일을 정확히 적어 주기

"사자" X ➡ "사자를 주인공으로 한 동화를 써 줘." O

사자로 무엇을 할지를 적어야 해. 글쓰기야? 그림이야? 정보 검색이야? 정확히 부탁하자.

방법 ❷ 원하는 것을 분명하게 말하기

"동물 그려 줘." X ➡ "사막에 사는 귀여운 동물을 사진처럼 그려 줘." O

AI는 구체적으로 요청할수록 더 똑똑해져. "길게 써 줘", "3문장으로 짧게 정리해 줘", "표로 보여줘"처럼 질문해야 정확하게 이해해.

방법 ❸ 문장을 이어 쓰기보다 하나씩 정리하기

"내가 지금 만들려고 하는 건, 동물 친구들 이야기인데 그중에 고양이가….." X
➡ "동물 친구들이 나오는 이야기야. 주인공은 고양이, 조연은 강아지야." O

너무 긴 문장은 AI도 헷갈려. 짧고 정확하게 한 줄씩 말해 주는 게 더 좋아.

방법 ❹ 마법의 문장: "예시를 들어 줘."

"'용기'에 대해 설명해 주고, 예시도 하나 들어 줘." O

예시가 들어가면 AI 답변도 훨씬 똑똑해져! 이해가 쏙쏙 되지.

미션 24

AI로 화가 되어 보기

 요즘은 단어 몇 개만 입력해도, AI가 진짜처럼 그림을 뚝딱 그려 줘. 색칠도 해 주고, 배경도 만들어 주고, 상상도 못 한 멋진 장면을 그려 내지. 심지어 아주 유명한 화가의 그림들을 여러 개 배운 다음에 그 화가처럼 비슷하게 그려 주기도 해. 예전에는 사람만이 할 수 있다고 생각했던 예술 작품 활동을 AI도 할 수 있게 되었어. 아주 그럴듯하고 멋지게 말이야.

그런데 궁금하지 않아? AI가 그린 그림과 내가 그린 그림 중 어떤 게 더 소중한 것 같아? AI가 만든 그림은 빠르고 멋질 수 있어. 하지만 내가 직접 그린 그림은 나의 감정과 생각이 담긴 유일한 작품이야. AI는 기술이지만, 나는 사람이고 예술가야. 물론 AI도 창의력을 따라 하려고 애쓰고 있어. 하지만 진짜 창의력은 상상과 감정 그리고 나의 경험에서 나오는 거야.

디지털 시민은 기술도 경험해 보고, 나만의 감성을 지켜 낼 줄 아는 사람이지. AI의 능력을 체험해 보면서, 내 생각과 감정이 담긴 창작의 의미도 함께 생각해 보자!

✓ **내가 직접 그림을 그린 뒤 AI의 그림과 비교해 보기**

주제를 정해 그림을 그려 봐. 종이에 연필이나 색연필로 그려도 되고, 스마트폰이나 태블릿에 그려도 좋아. 그리고 똑같은 주제를 AI에게 그려달라고 요청해 봐. 내 그림과 AI 그림을 나란히 놓고 비교해 보자.

AI로 만드는 음악 놀이터

"AI야, 신나는 여름 노래 만들어 줘."라고 하면 몇 초 만에 경쾌한 멜로디가 흘러나와. 드럼 소리, 기타 소리, 피아노 반주까지 어울려 마치 누가 진짜로 작곡해 준 것 같은 느낌이야. 놀라움과 동시에, 이게 진짜 내가 만든 노래인지 의문이 생길지도 몰라.

요즘 AI는 그림뿐만 아니라 음악도 만들 수 있어. AI는 너의 기분이나 주제에 맞춰서 음표를 선택하고, 악기를 골라서 어울리는 음악을 자동으로 만들어 주지. 예를 들어, "슬픈 감정이 담긴 피아노곡을 만들어 줘."라고 하면 정말 감미롭고 서정적인 멜로디가 탄생해. "축구장에서 울릴 응원가를 만들어 줘." 하면 신나는 리듬과 드럼 소리로 흥겨운 음악이 나오지.

그런데 말이야. 그 음악은 AI의 작품일까? 아니면 내 작품일까? AI는 내가 고른 키워드나 감정에 따라 어울릴 만한 소리를 조합해 줄 뿐이야. 어떤 주제를 고를지, 어떤 스타일로 만들지, 누구에게 들려주고 싶은지를 결정하는 건 나지.

그러면 이 노래를 내가 만들었다고 말할 수 있을까? 아직은 확실하지 않아. AI가 만든 음악은 저작권 등록도 어렵고, 그 음악의 주인이 누구인지에 대한 논의는 아직도 진행 중이야. 누군가는 "AI가 대신 만들었으니 내 것이 아니야."라고 말하고, 누군가는 "내가 아이디어를 냈으니 내 거야."라고 생각하지.

중요한 건, 새로운 기술을 그냥 쓰는 게 아니라 그 기술이 어디까지 도와주는지, 어디부터는 내가 스스로 해야 하는지를 고민하는 것이 진짜 똑똑한 디지털 시민의 자세야.

√ 나만의 AI 음악 만들고 감상하기

AI 음악 생성기를 이용해서 나만의 음악을 만들어 보자.
'Suno AI'를 추천해. 선생님이나 부모님과 함께 해 보자.

1. 어떤 음악을 만들고 싶어? 주제와 어떤 스타일이 좋을지 생각해 봐.

2. 생각한 노래와 어울리는 가사 두 줄을 먼저 써 보자.

3. 위의 가사가 들어간 노래를 AI 음악 생성기로 만들어 봐.

AI로 글쓰기 도전하기

AI는 글을 막힘없이 술술 잘 써. 아이디어가 막힐 때 힌트를 주고, 문장을 다양한 방식으로 바꿔 볼 수도 있어. 틀린 맞춤법까지 고쳐 주고 말이야.

AI가 다 해 주니까 편리하긴 한데, 글쓰기를 아예 맡겨도 괜찮은 걸까? AI가 쓴 글을 그대로 가져오는 것은 문제가 될 수 있어. AI가 만든 글을 내가 쓴 글이라고 말하면 정직하지 않은 거고, 윤리적으로도 옳지 않아.

그럼 어떻게 해야 할까? 내가 먼저 글을 쓰고 AI에게 도와달라고 부탁하는 거야. 먼저 내 생각이나 경험을 토대로 글을 쓰고 AI가 쓴 글에서 공감하는 부분을 찾아보는 거지. 그럼 진짜 나만의 이야기가 담긴 멋진 글이 될 수 있어.

AI한테 너무 의존하면 글에 담겨야 할 내 생각이 사라질 수 있어. 디지털 시민이라면 AI에게 도움받은 부분과 내가 직접 쓴 부분을 구분하고, 출처를 밝히는 습관이 필요해.

√ AI와 함께 글쓰기

한 가지 주제를 정해서 내가 직접 글을 쓰고, AI에게 도움을 받아 글을 고쳐 보는 거야. 다음 순서로 진행해 봐.

1. 주제를 정해서 내가 직접 글쓰기.
2. 같은 주제를 AI에게 작성하라고 하기.
3. AI가 쓴 글에서 마음에 드는 문장을 내가 쓴 글에 추가해서 완성하기.

AI vs 사람, 답변 배틀하기

 챗봇이라는 말 들어 본 적 있니? 요즘은 사람처럼 대화하는 로봇, '챗봇(Chatbot)'을 자주 볼 수 있어. 챗봇은 '채팅(Chat)'과 '로봇(Robot)'이 합쳐진 말이야. 예를 들어, 은행이나 쇼핑 앱에서 고객센터에 질문을 하면 챗봇이 바로 대답해 줘. 우리가 자주 쓰는 생성형 AI도 챗봇의 한 종류라고 할 수 있지.
 그럼 챗봇과 사람 친구에게 같은 질문을 하면 어떤 차이가

있을까? 예를 들어 "주말에 우리 동네에서 뭐 하고 놀까?"라고 질문해 봐. 챗봇은 몇 초 만에 놀 만한 장소, 맛있는 음식점들을 몇 가지씩 추천해 줄 거야. 친구는 이렇게 답할 수 있어. "이번 주말에 우리 동네 하천에서 플리 마켓이 열린대. 네가 좋아하는 책도 많을 거야. 거기 구경 가 보자!"

두 대답은 모두 도움이 되지만 느낌은 좀 달라. 챗봇은 인터넷에서 찾은 지식을 빠르게 요약해. 그리고 많은 사람에게 도움이 될 만한 일반적인 정보를 잘 전달하지. 하지만 정보가 오래됐거나, 정확하지 않거나, 가짜 뉴스 내용이 섞일 수 있어.

반면에 친구는 자기 경험과 감정을 담아 나한테 어울릴 만한 아이디어를 알려 줘. 직접 가 본 곳이나 내가 좋아할 것 같은 장소를 골라 추천해 줄 수도 있어. 그 대신 경험이나 자료가 부족하면 다양한 정보를 주기 어렵지.

챗봇의 답은 출처나 근거를 다시 한번 확인해 보고 친구 의견은 실제 경험한 것인지 추측한 것인지 구분할 필요가 있어. 두 결과를 섞어서 더 나은 답을 찾아보자!

✓ 질문 실험실을 열어 보기

AI 챗봇과 주변 사람에게 똑같은 질문을 하고 비교해 보자.

1. 챗봇과 사람에게 똑같이 할 질문을 생각해 보자.
예) 친구랑 다퉜을 때 화해 방법은?, 용돈 모으는 똑똑한 방법은?

2. AI 챗봇에게 묻고 대답을 적어 보자.

3. 사람에게 같은 질문을 하고 대답을 적어 보자.

4. 두 대답이 어떤 차이가 있는지 비교해 보자.

수다쟁이 로봇, 내 손안에 챗봇

내가 직접 만들지 않아도, 세상에는 다양한 맞춤형 챗봇이 많아. 내가 쓴 글을 멋지게 다듬어 주는 챗봇, 수학 문제를 풀거나 영어 단어 뜻을 알려 주는 챗봇, 글로 설명한 내용을 그림으로 그려 주는 챗봇, 원하는 정보를 찾아 주는 검색 도우미 챗봇 등이 있지.

이런 챗봇은 일반 생성형 AI와는 조금 달라. 생성형 AI가 다양한 주제에 두루 답하는 만능 도우미라면, 맞춤형 챗봇은 한 가지 역할이나 목표에 딱 맞춰져 있어서 훨씬 전문적이고 반복적인 작업에 강해. 예를 들어 '공룡 박사' 챗봇이라면, 내가 어떤 공룡 이름을 입력하든 매번 친절하고 정확하게 그 공룡의 특징을 알려 주도록 만들어진 거야. 매번 긴 설명을 다시 할 필요 없이, 정해 둔 방식으로 계속 대답해 주는 거지.

이렇게 특화된 챗봇을 쓰면, 매번 같은 방식으로 빠르고 정확하게 도움을 받을 수 있어. 하지만 챗봇이 알려 준 정보가 항상 100% 정확한 것은 아니라는 것 알고 있지? 그래서 중요한 내용은 꼭 다시 확인해야 해.

✓ 맞춤형 챗봇 만들어 보기

만들고 싶은 챗봇을 상상해 보고, 그 챗봇의 이름과 어떤 역할을 하는지도 적어 봐.

- 이름:

- 역할:

미션 29

AI 시대 미래 직업을 찾아라

은행원들이 점점 사라진다는 말을 들어본 적 있니? AI 때문에 앞으로 많은 직업이 사라질 거라고 해. 과연 사실일까?

역사 속에서 기술이 발전할 때마다 많은 직업이 사라지고 새 직업들이 생겨났어. 아주 오래전엔 전화 통화를 연결해 주는 '전화 교환원'이라는 직업이 있었어. 기술이 좋아져서 자동으로 전화가 연결되자, 이 직업은 사라졌지. 지금도 비슷한 일이 일어나고 있어. AI가 발달하면서 단순하고 반복적인 직업은 AI와 로봇이 빠르게 대체하고 있거든.

물론 AI 덕분에 새롭게 생겨나는 직업들도 많아. AI를 만들고 관리하는 직업, 로봇을 훈련시키는 직업, AI 기술이 공정하고 윤리적으로 쓰이도록 관리하는 직업이 필요하게 될 거야.

그렇다면 미래를 준비하는 디지털 시민은 어떻게 해야 할까? 변화를 두려워하지 말고, 앞으로 떠오르는 직업은 어떤 것이 있는지 관심 가지고 공부해야 해. 그리고 AI 기술을 어떻게 활용하면 좋을지 배워 두는 것도 좋아.

√ **AI 시대, 새롭게 떠오를 직업 조사해 보기**

직업 이름	직업이 하는 일	새롭게 생기는 이유

AI 시대에 새롭게 생길 직업

직업 이름	하는 일
빅데이터 전문가	산더미처럼 쌓인 자료를 모아 알기 쉽게 정리해. 그리고 자료를 해석해서 앞으로 무슨 일이 일어날지 예측해.
AI·머신 러닝 전문가	스스로 배우는 똑똑한 프로그램을 만들어 로봇·앱이 똑똑해지게 해.
핀테크 엔지니어	스마트폰으로 돈을 보내고 가상 화폐를 쓰는 새 금융 서비스를 만들어.
데이터 웨어하우징 전문가	회사 곳곳에 흩어진 데이터를 안전하게 한곳에 모아 보관해.
소프트웨어·앱 개발자	사람들이 쓰는 컴퓨터 프로그램이나 스마트폰 앱을 기획하고 만들어.
UI/UX 디자이너	앱과 웹사이트를 보기 쉽고 쓰기 편하게 디자인해.
시스템 엔지니어	여러 전자 장치와 프로그램이 문제없이 잘 돌아가게 살펴줘.
보안 관리 전문가	해커가 침입하지 못하게 회사 정보를 지켜.
IoT 전문가	기계와 센서가 인터넷으로 서로 대화하게 만들어 스마트 공장, 스마트 도시를 꾸며.
로보틱스 엔지니어	사람처럼 움직이는 로봇을 설계하고 고쳐.
자율·전기차 전문가	스스로 달리는 전기 자동차가 안전하게 길을 찾도록 기술을 개발해.
재생 에너지 엔지니어	햇빛·바람 같은 깨끗한 에너지로 전기를 만드는 장치를 설계해.
환경 엔지니어	공기와 물을 깨끗하게 만들 방법을 연구해.
지속 가능성 전문가	회사가 에너지를 아끼고 탄소를 줄이게 도와서 지구를 보호해.

참고자료 세계경제포럼(WEF) 2025 미래 직업 보고서

AI와 올바른 선 지키기

 운동 경기를 할 땐 서로 지켜야 할 규칙이 있지? AI를 사용할 때도 마찬가지야. 이런 규칙을 'AI(인공지능) 윤리'라고 해. 그럼 어떤 AI 윤리가 필요할까?
 첫째, 개인 정보를 꼭 보호해야 해. AI는 사람들의 데이터를 많이 습득해서 배우고 똑똑해지는 거야. 그래서 AI 챗봇과 이야기할 때는 친구나 가족의 이름, 주소 같은 개인 정보를 입력

하지 않아야 해. 그래야 개인 정보가 안전하게 지켜질 수 있어.

둘째, 저작권을 생각해야 해. 예를 들어, 숙제할 때 AI가 써 준 글을 그대로 베끼면 정직하지 않은 거야. AI가 도와준 부분은 "이건 AI가 도와줬어요!"라고 솔직하게 밝히고 사용하자.

셋째, 가짜 정보를 퍼뜨리면 안 돼. AI가 알려 주는 정보가 항상 정답은 아니야. 진짜처럼 보이는 가짜 정보를 말할 때도 있거든. AI가 알려 준 정보가 진짜인지 확인하는 습관을 지니자.

이제 운동장에서 규칙을 지키며 멋지게 경기하듯, AI도 올바르게 사용하며 책임 있는 디지털 시민이 되어 보자.

√ AI 윤리 선언문 만들기

AI를 사용할 때 지켜야 할 규칙을 만들어 보자.

1.

2.

3.

4장
소통하는 디지털 시민

디지털 세상에서 우리는 다양한 방식으로 친구들과 소통하며 살아가고 있어. 댓글을 달고, 메시지를 보내고, '좋아요'를 누르면서 마음을 전할 수 있지. 하지만 얼굴이 보이지 않는다고 해서 아무 말이나 해도 되는 건 아니야. 단체 대화방에서 예의를 지키고, 글을 올릴 땐 다른 사람의 기분도 생각해야 하거든. 따뜻한 말과 행동으로 서로를 아끼는 것, 그것이 진짜 소통하는 디지털 시민의 모습이야. 디지털 세상에서 어떻게 소통하는지, 한 번 알아볼까?

디지털 공간에서 친구 사귀기

 예전에는 현실에서 가능하던 경험이 이제는 디지털 공간에서도 이루어지고 있어. 게임을 함께하거나 채팅으로 이야기하며 친구가 되기도 하고, 비슷한 관심사를 가진 사람들을 온라인에서 쉽게 만날 수도 있지.

 디지털 공간의 장점은 멀리 있는 친구와도 편하게 소통할 수 있다는 거야. 하지만 화면 속 사람의 진짜 모습을 알기 어려우니까 주의가 필요해. 이름, 학교, 주소, 전화번호 같은 개인 정보는 절대 알려 주면 안 돼. 허락 없이 집이나 학교 근처로 찾아오거나 스팸 문자를 보낼 수 있거든.

디지털 공간에서는 누구나 멋져 보이게 자신을 꾸밀 수 있지만, 진짜 나다운 모습으로 행동하는 것이 더 중요해. 겉모습이 아닌 진심으로 소통할 때 진짜 친구가 생겨.

디지털 세상에서도 기억하자! 좋은 친구를 만나는 것만큼, 내가 좋은 친구가 되는 것도 똑같이 중요하다는 걸!

√ 좋은 친구를 판단하는 기준 정하기

디지털 공간에서 좋은 친구를 판단하는 기준은 뭘까? 프로필 사진, 친구의 수, 관심사, 다른 사람을 대하는 태도, 방문자 수, 사진 속 모습 등이 기준이 될 수 있어. 이유도 같이 써 봐.

- 판단 기준:

- 이유:

댓글로 전하는 따뜻한 마음

    인터넷은 누구나 자유롭게 생각을 표현할 수 있는 공간이야. 사진을 올리고 일상을 공유하며, 댓글로 서로의 마음을 나눌 수도 있지. 하지만 댓글 하나에도 예의와 배려가 필요해. 누군가에게 상처가 되거나, 반대로 따뜻한 응원이 될 수 있거든.

    의견이 다를 때는 "그렇구나. 그런데 나는 이렇게 생각해." 처럼 존중하며 대화하는 태도가 중요해. 서로 다른 생각을 나누면서 이해의 폭이 넓어지고, 서로를 더 잘 알게 되지. 또 SNS를 사용할 땐 마치 생방송처럼 책임감 있게 행동해야 해. 한 번 올린 글이나 댓글을 누군가 저장했을 수 있으니까.

우리가 남긴 댓글은 오랫동안 기록으로 남아 다른 사람에게 보여질 수 있어. 그래서 댓글을 달기 전, '이 말이 누군가에게 기쁨이 될까, 상처가 될까?' 한 번 더 생각해 보자.

좋은 말과 긍정적인 댓글은 인터넷을 더 따뜻한 공간으로 만들어. 친구의 그림이나 사진을 보고 "정말 멋지다!", "밝은 모습이 보기 좋아!"처럼 진심 어린 칭찬을 남겨 보자. 댓글 하나가 친구에게 하루의 행복을 선물할 수 있어!

✓ SNS 친구에게 댓글 달기

아래 상황에서 어떻게 댓글을 달지 생각하고 적어 봐. 댓글을 달 때는 친구를 생각하고 존중하며 적어야 해.

- 상황: 친구가 외국으로 가족 여행을 다녀온 사진
- 댓글:

예절을 지키면 대화가 더 즐거워

온라인에서 친구들과 소통할 때 가장 중요한 것은 배려야. 특히 여러 명이 함께 있는 단체 대화방에서는 더 신경 써야 해. 개인 대화가 아니라 많은 친구가 함께 있기 때문이지.

대화할 때는 서로의 의견을 존중하는 게 중요해. 생각이 다르더라도 '그럴 수도 있겠다.' 하고 한 번쯤 이해하려는 태도가 필요해. 또 말투 때문에 오해가 생기기 쉬우니, 기분 나쁘게 들릴 수 있는 표현은 조심해야 해.

이모티콘은 감정을 표현하기 좋은 방법이지만, 너무 많이 사용하면 대화가 복잡해져. 중요한 공지나 숙제 내용이 묻히거나, 대화 흐름을 따라가기 어려울 수 있어.

또 친구의 사진을 올릴 때는 반드시 허락을 받아야 해. 허락 없이 올리면 상대가 불편해 할 수 있고, 사적인 사진이 공개되면 마음이 상할 수도 있어.

이런 예절을 지킨다면, 단체 대화방에서도 모두가 즐겁고 편하게 소통할 수 있을 거야.

✓ 단체 대화방 예절 규칙 만들기

단체 대화방에서 지켜야 할 규칙 3가지를 완성해 봐. 이건 스스로 하는 약속이니까 꼭 지키는 것! 잊지 마.

1.
2.
3.

미션 34

'좋아요' 수에 슬퍼하지 않기

SNS는 사람들이 자신의 이야기를 나누는 공간이야. 사진과 글을 올리면 다른 사람들과 하루를 공유할 수 있고, 마음에 들면 '좋아요'를 눌러 주지. 친구들의 게시물에는 여행, 상 받은 날, 맛있는 음식처럼 멋진 순간들이 많아. 그런 걸 보다 보면 '나는 왜 이렇게 평범하지?'라고 나와 비교할 수도 있어.

또 내가 올린 사진에 '좋아요'가 적으면 속상할 수도 있지.

하지만 '좋아요' 숫자는 진짜 너를 보여 주는 기준이 아니야.

가장 중요한 건 다른 사람의 '좋아요'보다 내 마음속 '좋아요' 버튼이야. 나를 내가 좋아해 주는 게 가장 멋진 일이지. 그러려면 두 가지를 기억해.

첫째, 남과 비교하지 않기. 나는 나답게, 친구는 친구답게 살아가면 돼. 둘째, 고마운 일 찾아보기. 오늘 즐거웠던 일이나 감사한 일을 떠올려 봐. 그러면 마음이 한결 따뜻해질 거야.

마지막으로 스스로에게 이렇게 말해 보자.

"나는 내가 참 좋아!"

✓ 소중한 하루의 감사한 일 적기

오늘 하루를 돌아보며 즐거웠던 일, 고마웠던 일, 나를 행복하게 만든 순간을 떠올려 적어 봐. 작은 일이라도 좋아!

SNS에 글을 올릴 때 생각해야 할 것

10대의 SNS 이용률이 어느 정도인지 생각해 본 적 있니? 성평등가족부가 발표한 〈2024년 청소년 매체 이용 및 유해 환경 실태 조사〉에 따르면 10대의 94%가 숏폼 콘텐츠를 이용하고, 93%가 인터넷과 모바일 메신저를 이용하고 있다고 해.

SNS는 친구들과 소통하고 소중한 순간들을 나눌 수 있는 공간이야. 부모님이나 친구들과 함께했던 즐거운 추억을 내

주변 사람들에게 사진과 메시지로 알릴 수 있지. 하지만 SNS에 글을 올릴 때는 두 가지를 기억해야 해.

먼저 내가 SNS에 올린 내용이 적절한지 고민해 봐. 한 번 올린 내용은 인터넷에 남기 때문에 나중에 후회할 수도 있어. 지우더라도 누군가 이미 봤거나 저장했을 수 있거든. 특히 내가 화가 났을 때 올린 말이나 장난처럼 쓴 글은 다른 사람에게 상처를 입히기도 해. 그때는 가볍게 생각한 내용이더라도, 시간이 지나면 부끄러워질 수 있지.

SNS는 누군가를 비판하거나 기분 나쁘게 만드는 공간이 아니라, 서로 응원하고 좋은 마음을 나누는 공간이 되어야 해. 내가 올리는 글이 다른 사람에게 기분 좋게 다가갈 수 있도록 한 번 더 생각해 보고 올리는 게 중요해.

또 내가 올린 게시물이 다른 친구들에게 어떤 영향을 미칠지를 항상 생각해야 해. 누군가의 마음을 상하게 하지 않도록 조심하고, 다른 사람에 대한 소문이나 확인되지 않은 거짓 소문은 올리면 안 돼. 잘못된 소문이 퍼지면 친구들에게 상처를 줄 수 있고, 나도 좋지 않은 이미지가 생길 수 있거든.

SNS에 올린 글은 많은 사람이 볼 수 있어. 그러니 모두가 봐도 좋을 내용인지 신중하게 생각하고, 친구들을 배려하는 마음을 가지는 것! 절대 잊으면 안 돼.

√ SNS에 글 올리기

SNS에 어떤 글을 올리면 좋을지 생각해 보고 적어 봐.

- 1단계: 내가 관심 있는 주제는 무엇이니?

- 2단계: SNS에 올릴 글을 직접 적어 봐. 짧은 문장, 해시태그 등을 자유롭게 써도 좋아.

- 3단계: 디지털 시민 체크!
  - 이 글이 누군가에게 불편함을 주지는 않니?
  - 부정적이거나 공격적인 표현은 없니?
  - 사생활이나 개인 정보는 포함되어 있지 않니?

- 4단계: 나만의 SNS에 업로드하기!

디지털 세상에서 또 다른 나 만나기

우리는 스마트폰이나 컴퓨터를 자주 사용해. 게임을 하거나, 유튜브를 보거나, 친구에게 연락하며 즐겁게 시간을 보내지. 그럴 때마다 화면 속에는 또 다른 '나'가 생겨나. 게임 속 캐릭터일 수도 있고, SNS에 올린 웃고 있는 내 사진일 수도 있어. 내가 남긴 댓글 하나가 나를 보여 주는 말이 되기도 해. 이렇게 만들어지는 모습들이 바로 '디지털 세상의 나'라고 할 수 있어.

디지털 세상의 나는 현실 속의 나와 얼마나 닮았을까? 가끔은 진짜 나보다 더 멋져 보이게 하려고 꾸며 본 적도 있을 거야. 평소라면 하지 않았을 말이나 행동을, 화면 속에서는 가볍게 하기도 하지. 하지만 꼭 기억해야 할 게 있어. 디지털 세상 속의 나도 결국 '진짜 나'의 한 부분이라는 거야. 그래서 온라인에서도 솔직하고 책임감 있게, 나답게 살아가는 태도가 정말 중요해.

그러면 어떻게 디지털 세상에서 나답게 살아갈 수 있을까? 먼저 디지털 세상 속 나와 현실에서의 내가 달라지지 않게 행동해 봐. 사진이나 글을 올릴 때, 너무 꾸며 내지 않아도 돼. 솔직하고 따뜻하게 나를 표현하고, 지금의 나를 믿고 사랑하는 자세가 중요해. 다음은 디지털 세상의 나를 한 번 돌아보기. 내가 어떤 말을 했고, 어떤 글과 사진을 올렸는지 생각해 봐. 또 "나는 지금 디지털 세상에서 나답게 살고 있을까?" 스스로 질문을 해 봐. 나 자신을 칭찬할 수 있으면 지금 잘하고 있는 거야. 얼굴이 보이지 않아도 디지털 세상에서는 말과 글, 캐릭터로 나를 나타낼 수 있거든.

디지털 세상은 재미있고 편리하지만, 그 안에서 또 다른 '나'가 살고 있다는 것을 잊으면 안 돼. 디지털 세상의 나와 현실의 내가 서로 사이좋게 지내며 함께 성장해 나가자.

✓ 디지털 세상에서의 '나' 소개하기

디지털 세상 속 나를 만났다고 생각해 봐. 어떤 모습이야? 어떤 모습인지 그림을 그리거나, 특징을 적어 봐. 현실의 나와 비교해 봐도 재밌겠지?

책임 있는 클릭! 디지털 시민 도전

디지털 세상에서는 유튜브로 방송인이 되거나 코딩으로 게임을 만드는 개발자가 될 수도 있어. 하지만 현실과 마찬가지로 지켜야 할 예절과 책임이 있어.

먼저 말과 행동에 책임을 지는 자세가 중요해. 인터넷에서도 글이나 이모티콘이 사람의 마음을 상하게 할 수 있어. 장난으로 쓴 말이나 사진이 누군가에게는 상처가 될 수 있으니, 올리기 전에 한 번 더 생각하고 예의 있게 표현해야 해. 또 친구의 사진이나 정보를 함부로 올리면 안 돼. 사진에는 개인 정보가 담겨 있을 수 있으니까 꼭 물어보는 습관이 필요해.

인터넷의 그림, 사진, 음악, 영상 등은 누군가의 노력으로 만든 작품이야. 허락 없이 복사하거나 내 것처럼 쓰는 건 그 노력을 무시하는 일이야. 사용할 땐 반드시 허락을 받거나 출처를 밝혀야 해.

이처럼 작은 행동 하나하나에 책임을 다하는 습관이 쌓이면, 우리는 성숙한 디지털 시민으로 성장할 수 있어.

✓ **행동에 책임지는 디지털 시민 되기**

디지털 세상에서 내가 어떻게 책임 있는 행동을 할 수 있을지 3가지 적어 봐.

1.

2.

3.

메신저 속 오해 풀기

요즘 친구들이랑 SNS나 온라인 채팅으로 자주 대화하지? 혹시 메시지를 보냈는데 친구가 읽기만 하고 아무 말도 하지 않아서 기분이 나쁘거나 속상했던 적, 한 번쯤 있지 않아?

하지만 정말 친구가 일부러 무시한 걸까? 사실 우리도 톡을 보고도 바빠서, 혹은 깜빡 잊어서 바로 답하지 못한 적이 있잖아. 친구도 그럴 수 있어.

메신저는 얼굴을 마주 보지 않고 이야기하는 거라, 서로의 표정이나 상황을 알기 어려워서 오해가 생기기 쉽거든. 그래서 '읽고 답하지 않은 경우'가 꼭 나를 싫어해서 그런 건 아닐 수도 있어.

혹시 바쁜 건 아닐까? 집안일이 생겼을 수도 있고, 기분이 좋지 않을 수도 있지. 그럴 때는 내가 먼저 "혹시 내가 보낸 메시지를 봤어?", "지금은 괜찮아?"처럼 따뜻하게 물어봐도 좋아.

또 내가 톡을 늦게 확인했을 때는 "늦게 봤어! 답이 늦어서 미안해."라고 말해 주면 친구도 마음이 편해질 거야.

온라인 채팅도 예의와 배려가 필요한 대화라는 걸 잊지 말자. 마음이 불편할 땐 바로 화내기보다, 한 번 더 생각하고 친구를 이해하려고 노력해 보자.

악플은 NO! 선플로 세상을 따뜻하게

    SNS에서는 누구나 댓글로 자신의 생각을 쉽게 표현할 수 있어. 하지만 댓글 하나가 누군가에게 상처가 되거나 위로가 될 수도 있다는 걸 기억해야 해.

    '악플'은 남을 놀리거나 욕하는 댓글을 말해. 이런 말은 큰 상처를 남길 수 있어. 반대로 "응원해!", "멋져!", "좋은 생각이야!" 같은 '선플'은 선한 영향을 주는 따뜻한 댓글이지.

'선플 운동'은 악플로 상처받는 사람들에게 용기와 희망을 주는 댓글을 달아 긍정적인 인터넷 문화를 만드는 활동이야. 이 운동에 참여한 학생들은 언어 습관이 바뀌고, 학교 폭력도 줄었다고 해. 선한 말이 결국 자신에게 돌아온 거야.

댓글 한 줄이 누군가의 마음을 울릴 수도, 웃게 할 수도 있어. 댓글을 쓰기 전, 한 번만 더 생각해 보자.

선플로 세상을 따뜻하게 바꿀 수 있는 멋진 디지털 시민은 바로 너야!

√ 온라인에 직접 선플 달기

일상에서 선플 달기 운동을 실천해 보자. 학교 게시판, SNS, 기사, 유튜브 등 어디든 좋아. 선플을 달고 그 내용을 적어 봐.

내 디지털 발자국 그리기

 눈 덮인 길을 걸으면 발자국이 남듯, 디지털 세상에서도 우리의 흔적이 남아. 카카오톡, 인스타그램, 페이스북 등에서 글을 올리고, 사진을 공유하고, '좋아요'를 누르는 모든 행동이 바로 '디지털 흔적(디지털 발자국)'이야.

 이 흔적은 내가 남긴 글, 사진, 댓글, 검색 기록 등을 뜻해. 한 번 인터넷에 올린 내용은 완전히 지우기 어려워. 누군가 캡

처하거나 저장했을 수도 있거든. 그래서 글이나 사진을 올릴 땐 한 번 더 생각하는 습관이 필요해.

작은 흔적들이 모이면 인터넷 속 '나'를 보여 주는 디지털 지도가 돼. 내가 어떤 글을 올렸는지, 어떤 사진을 자주 올리는지, 누구와 대화하는지, 언제 활동하는지를 떠올리며 '나의 디지털 흔적 지도'를 머릿속에 그려 보자.

진짜 디지털 시민은 온라인에서도 예의와 책임을 지키는 사람이야. 나의 흔적을 살펴보고 정리하는 것도 더 나은 모습으로 성장하는 방법이야.

√ 디지털 흔적 청소하기

내가 어떤 글을 올렸는지 확인해 보고 흑역사가 될 것 같은 게시글, 특히 부끄러운 댓글, 쓸데 없는 사진 등을 정리해 보자. 디지털 세상도 가끔씩 청소가 필요하거든. 그리고 느낀 점을 적어 봐.

우울할 땐 SNS 대신 내 마음 돌보기

우리는 SNS를 통해 감정을 나누는 것이 자연스러운 일이 되었어. 하루 동안 있었던 일, 느꼈던 기분을 실시간으로 올리고, 친구들의 감정에도 바로 반응하지. 하지만 쉬지 않고 감정을 나누다 보면 우리는 점점 지치게 돼. 디지털 세상은 우리에게 즐거움과 정보를 주지만, 때때로 마음을 힘들게 만들기도 해.

실제로 감정을 자주 노출하고 SNS를 오래 사용할수록 불안하거나 기분이 우울해지고 잠도 잘 오지 않는다는 연구 결과도 있어. 친구들이 올린 글이나 사진을 계속 보면 나도 모르게 마음이 피곤해지고 기분이 가라앉기도 하거든. 이런 상태를 '디지털 감정 피로'가 쌓였다고 해.

이럴 때 중요한 것은 소통이야. 가족이나 친구, 선생님처럼 내가 좋아하고 믿을 수 있는 사람들과 따뜻하게 연결되는 대화를 하는 것이지. 직접 눈을 보고 따뜻한 위로를 받으며 대화를 해 보면 어떨까? 말로 내 감정을 표현하는 순간, 마음속 무게가 조금씩 가벼워질 거야.

√ **내 마음 전하기 챌린지**

SNS가 아니라 믿을 수 있는 친구나 가족, 선생님에게 내가 요즘 느끼는 감정이나 고민을 솔직하게 적어 보고 전달해 봐.

5장
안전한 디지털 시민

디지털 세상은 정말 편리하고 재미있는 곳이야. 하지만 가끔은 나도 모르게 위험한 상황이 생길 수도 있어. 비밀번호를 잘못 관리해서 정보가 새어 나가거나, 가짜 뉴스나 광고에 속을 수도 있지. 또 유튜브나 게임에 너무 빠지거나, 스마트폰을 안전하게 사용하지 못해서 문제가 생기기도 해. 그래서 우리는 디지털 공간에서도 안전하게 생활하는 방법을 꼭 알아야 해. 스스로 정보를 잘 판단하고, 올바른 행동을 하는 것이 중요하거든. 안전한 디지털 시민으로서 어떤 점을 기억해야 하는지 함께 배워 보자.

빅데이터로 세상 읽기

인터넷을 검색하거나 영상을 보는 것만으로도 수많은 정보가 쌓여. 이러한 흔적이 모여 아주 큰 정보 덩어리가 되는데, 이를 '빅데이터(Big Data)'라고 불러. 사람들이 어떤 영상을 좋아하는지, 어디로 여행을 많이 가는지, 어떤 물건을 자주 사는지를 한눈에 알 수 있어. 예를 들어, 배달 앱에서는 주문 기록을 분석해서 새로운 메뉴나 인기 있는 맛집을 소개해 주기도

해. 지도 앱이나 내비게이션은 데이터를 모아서 교통 상황을 예측하고 가장 빠른 경로를 추천해 줘.

또한 사람들이 요즘 무엇에 관심을 두고, 어떤 생각을 많이 하는지도 알려 주는 역할을 해. 날씨가 추워지면 '핫 팩'이나 '겨울옷' 같은 검색어가 늘어나고, 큰 사건이 일어난 뒤에는 관련 정보가 급격히 검색되기도 하지.

포털 사이트의 인기 키워드를 살펴보면서 사람들이 어떤 걸 궁금해 하는지 정리해 봐. 직접 모은 데이터를 바탕으로 디지털 세상을 더 깊이 들여다보는 활동을 해 보는 거야.

√ 빅데이터 관찰하기

하나씩 실천해 보고, 실천한 것에 표시해 봐.

- 내가 자주 검색하는 키워드 3개 적어 보기 ☐
- 광고에 어떤 제품이 자주 나오는지 살펴보기 ☐
- 구글 트렌드에서 인기 검색어 5개 확인해 보기 ☐

내 정보는 내가 지킨다

"이벤트에 참여하려면 이름, 전화번호, 집 주소를 적어 주세요." 이런 문구를 본 적 있니? 선물을 준다고 하니까 적고 싶을 수 있어. 하지만 모르는 사람에게 알려 주면 안 돼.

개인 정보는 이름, 생일, 전화번호, 집 주소뿐만 아니라 이메일, 아이디, 내가 올린 사진이나 글도 포함돼. 이런 정보들은 따로 보면 별거 아닌 것 같지만, 여러 개가 모이면 마치 퍼

즐처럼 한 사람에 대해 자세히 알 수 있게 해.

　SNS에 올린 사진 속에 학교 이름이 보이거나, 친구와 찍은 사진에 위치 정보가 담기는 경우가 있어. 또 앱을 설치할 때 나타나는 '위치 접근 허용', '카메라 접근 허용'에 '동의'를 누르는 순간부터는 내 정보가 다른 곳으로 전송될 가능성이 생겨.

　인터넷에 올라간 정보는 광고에 활용되거나, 누군가가 나를 흉내 내는 데 악용될 위험도 있어. 한 번 퍼진 정보는 완전히 지우기 어렵다는 점도 꼭 기억해야 해. 그래서 개인정보를 적거나 공개할 때는 신중하게 판단하는 자세가 필요해.

✓ 개인 정보 점검하기

내 개인 정보를 어디까지 공개할지 체크해 봐.

이름	(비공개 / 친구 / 전체 공개)
아이디	(비공개 / 친구 / 전체 공개)
생일	(비공개 / 친구 / 전체 공개)
전화번호	(비공개 / 친구 / 전체 공개)

개인 정보를 지키는 7가지 수칙

1 소셜 미디어에 올린 내용은 다른 사람이 볼 수 있어.

친구한테만 보여 주려고 올린 글도 누군가가 캡처해서 퍼뜨리면 다른 사람한테까지 전달될 수 있어. 올리기 전에 '이걸 다른 사람이 봐도 괜찮을까?' 한 번 더 생각해 봐.

2 가족이나 친구의 개인 정보도 소중해.

사진, 이름, 연락처 같은 걸 허락 없이 올리면 친구나 가족이 피해를 볼 수도 있어. '이 사진을 올려도 될까?' 물어보고 올리는 게 좋아.

3 공개 범위를 꼭 확인해야 해.

소셜 미디어는 기본으로 '전체 공개'로 되어 있는 경우가 많아. 누가 내 글과 사진을 볼 수 있는지 확인하고, 필요할 땐 친구에게만 보이도록 설정하면 어떨까?

4 친구 추가는 믿을 수 있는 사람만!

모르는 사람이 친구 추가를 하면 무조건 수락하지 말고, 진짜 아는 사람인지 확인이 필요해. 낯선 사람에게 내 정보를 보여 주는 건 위험할 수 있어.

5 인터넷에 올린 글이나 사진은 지우기 어려워.

한 번 올린 글이나 사진은 누군가 저장하거나 퍼뜨리면 다시 지우기 어려워. '나중에 후회하지 않을까?' 한 번 더 생각하고 올리면 좋아.

6 개인 정보 제공 동의에는 신중하자.

앱이나 사이트에서 개인 정보 동의를 구할 때는 귀찮다고 '전체 동의'를 누르지 말고, 내용을 꼭 읽어 본 뒤 필요 없는 항목은 동의하지 않는 게 바람직해.

7 위치 정보는 안 쓸 땐 꺼 두자.

위치 정보는 내가 어디에 있는지 드러나게 해서 위험할 수 있어. 게임을 하거나 사진을 찍을 때 꼭 필요하지 않다면 꺼 두는 게 더 안전해.

비밀번호 달인 되기

스마트폰, 게임, SNS, 이메일 같은 다양한 서비스에 로그인하려면 비밀번호를 입력하지? 비밀번호는 그 계정을 사용하는 사람이 바로 나임을 확인해 주는 디지털 열쇠야. 겉보기엔 단순한 글자 몇 개 같지만, 비밀번호는 내 정보를 지키는 중요한 장치니까 신중하게 만들어야 해.

이름이나 생일, 연속된 숫자처럼 누구나 쉽게 짐작할 수 있는 비밀번호를 사용하면 다른 사람이 쉽게 알아낼 수 있어. 또 여러 계정에 같은 비밀번호를 쓰면 하나만 유출되어도 다른 계정까지 위험해질 수 있어. 실제로 어떤 연예인의 비밀번호가 유출돼서 개인 정보가 새어 나간 일도 있었대.

비밀번호를 잘 지키려면 이런 습관이 좋아! 영어 대문자랑 소문자, 숫자, 특수 문자를 섞어서 만들고, 앱이나 사이트마다 다른 비밀번호를 쓰는 게 더 안전해. 주기적으로 비밀번호를 바꾸는 것도 잊지 마. 공공장소에서 로그인했을 땐 사용 후 꼭 로그아웃하자. 내 개인 정보를 더 안전하게 지킬 수 있는 좋은 습관이 될 거야.

✓ 새로운 비밀번호 만들어 보기

안전하면서도 기억하기 쉬운 비밀번호를 만들어 보자. 너무 복잡하면 금방 잊어버릴 수 있으니, 나만 아는 특별한 규칙을 만들어 두는 게 좋아. 예를 들어 좋아하는 문장의 첫 글자만 따서 조합하거나, 숫자와 기호를 중간중간 섞어서 만드는 방법이 있어.
단, 비밀번호는 여기처럼 공개된 공간에 적으면 안 된다는 것, 꼭 기억하자!

사이버 폭력에 방패 들기

채팅이나 게임, 단체 톡방처럼 온라인에서 친구들과 어울리는 일은 일상이야. 직접 만나지 않아도 대화하고 생각을 나눌 수 있으니 즐겁지. 하지만 장난처럼 쓴 말도 누군가에게는 상처가 될 수 있어. 인터넷이나 스마트폰으로 괴롭히는 모든 행동을 '사이버 폭력'이라고 해.

사이버 폭력이 일어났을 때는 이렇게 행동하는 게 좋아. 첫째, 단체 채팅방에서 놀림이나 따돌림을 당하면 방을 나오는 것도 방법이야. 둘째, 친구가 내 사진이나 메시지를 허락 없이 퍼뜨리면 "안 돼!" 하고 분명하게 말하고, 지워 달라고 요청하자. 셋째, 게임이나 채팅에서 욕하거나 괴롭히는 사람이 있다면 차단하거나 신고 기능을 이용해 봐. 그리고 무엇보다 혼자서 끙끙대지 말고 어른들께 꼭 도움을 요청하자.

온라인에서 서로를 존중하고 배려하는 마음을 잊지 않는다면, 누구나 안전하고 즐겁게 디지털 세상을 누릴 수 있을 거야.

✓ 사이버 폭력 대처법 생각하기

사이버 폭력이 일어났을 때, 나는 어떤 말을 하고 어떤 행동을 할 수 있을까? 내가 할 수 있는 대처 방법을 떠올려 적어 봐. 자주 쓰는 앱에서 차단·신고 기능이 어디에 있는지 미리 찾아보거나, 경찰·사이버 폭력 신고 전화번호를 알아두는 것도 도움이 돼.

진짜 같은 가짜에 속지 않기

　인터넷에서 연예인이나 아이돌 얼굴이 이상하게 바뀐 영상이나 사진 본 적 있니? 진짜 같아서 깜짝 놀랄 때도 있어. 그런데 이런 영상은 대부분 가짜로 만든 거야.

　이렇게 영상·사진을 만드는 기술을 '딥페이크(Deepfake)'라고 해. '딥러닝(Deep Learning)'과 가짜를 뜻하는 '페이크(Fake)'를 합친 말이지. 딥러닝은 컴퓨터가 여러 사진과 영상을 보고 스스로 배우는 기술이야. 이 기술 때문에 컴퓨터가 사람 얼굴·목소리·표정까지 흉내 내서 진짜처럼 보이는 가짜 영상을 만들 수 있어.

처음에는 딥페이크가 영화나 게임, 교육, 의료 같은 좋은 곳에 쓰였어. 배우 대신 위험한 장면을 표현하거나, 옛날 사진을 복원하는 등 도움이 되었지. 하지만 누군가를 속이거나 거짓 소문을 퍼뜨리는 데 쓰이면 큰 문제가 될 수 있어.

딥페이크는 좋은 점도 있지만, 위험할 수도 있으니 어떻게 쓰이는지 알고 조심해야 해. 거짓으로 만든 영상이나 사진을 함부로 퍼뜨리지 말고, 필요할 때 멈추거나 신고할 줄 알아야 해. 이런 행동이 바로 멋진 디지털 시민의 모습이야.

✓ **딥페이크 영상 확인해 보기**

좋아하는 아이돌 영상 하나를 골라 "이게 딥페이크일까? 진짜일까?" 생각해 봐. 입 모양이 실제 소리와 맞는지, 눈 깜박임, 표정, 행동이 자연스러운지, 출처는 분명한지를 확인해 봐.

미션 46

디지털 콘텐츠와 현명하게 친구 되기

유튜브를 켜면 재미있는 영상이 끝도 없이 뜨니까 멈추기 쉽지 않아. 유튜브나 디지털 콘텐츠는 우리에게 즐거움을 주고 새로운 걸 배우게도 해. 하지만 너무 오래 빠져 있으면 눈이 피로해지고, 올바르지 않은 자세를 취하게 되고, 해야 할 일을 미루게 돼. 그래서 스스로 시간을 지키는 연습이 꼭 필요해.

유튜브를 볼 땐 '시청 중단 시간 알림'과 '취침 시간 알림' 기능을 켜 놓는 거야. 알림이 뜨면 영상을 멈추고 스트레칭을 하거나, 눈을 감고 잠깐 쉬어 봐. 자동 재생 기능을 꺼 두는 것도 좋아.

디지털 콘텐츠를 보기 전에 "지금 꼭 봐야 할까?", "지금 해야 할 일은 없을까?" 스스로에게 질문을 던져 봐.

디지털 세상은 정말 재미있는 공간이야. 하지만 더 소중한 건 내 시간, 내 몸, 그리고 내 일상이야. 이제부터는 나만의 규칙을 정해서 스스로 시간을 조절하고, 선택하는 현명한 친구가 되어 보는 건 어때?

✓ **디지털 콘텐츠 시간 조절하기**

디지털 콘텐츠 사용 시간을 줄이는 3가지 규칙을 정해 봐.

1.

2.

3.

미션 47

아슬아슬 스마트폰 좀비 탈출

길을 걸으면서 스마트폰을 보는 사람들이 점점 많아지고 있어. 친구한테 메시지를 보내고, 게임이나 영상을 보느라 앞을 잘 못 보기도 해. 스마트폰만 보면서 걷는 사람들을 '스몸비', 즉 스마트폰 좀비라고 불러. 마치 좀비처럼 주위를 잘 살피지 못하고 화면에만 빠져 있다는 뜻이야.

스몸비가 되면 어떤 일이 생길까? 교통안전공단에 따르면,

다섯 명 중 한 명 이상이 걷다가 스마트폰을 보느라 사고가 날 뻔한 적이 있다고 해. 실제로 사람이나 자전거, 물건에 부딪히는 일도 많고, 계단에서 넘어져 다치는 일도 생겨. 특히 이어폰을 낀 채로 다니면 더 위험해.

물론 정말 급한 연락이 왔을 땐 볼 수도 있지. 그럴 땐 꼭 멈추고, 사람들을 방해하지 않는 안전한 곳에서 사용해야 해. 이렇게 하면 내 몸을 지킬 수 있을 뿐 아니라, 다른 사람에게 피해를 주지 않는 멋진 디지털 시민이 될 수 있어.

√ '스몸비 NO' 표어 만들기

스몸비의 위험을 알리고, 스마트폰의 올바른 사용을 위한 표어를 만들어 봐.

디지털 세상 속 돈도 진짜야

 게임을 하다 보면 멋진 옷이나 강한 무기를 갖고 싶어질 때가 있지? 클릭 한 번으로 아이템을 얻을 수 있지만, 사실 그 뒤에는 진짜 돈이 빠져나간다는 걸 잊으면 안 돼. 처음에는 금액이 작아서 괜찮다고 생각할 수 있지만, 계속하다 보면 생각보다 많은 돈이 나갈 수 있어.
 특히 부모님 스마트폰으로 간편결제를 사용할 때는 더 조심

해야 해. 카드나 계좌가 연결돼 있어서 실수로 누르거나, 장난으로 눌러도 바로 결제가 될 수 있거든. 간편결제는 정말 편리하지만, 한 번 누르면 바로 돈이 나가니까 항상 주의해야 해.

그래서 게임하기 전이나, 온라인 쇼핑몰을 이용할 때는 반드시 부모님께 먼저 물어봐야 해. 또 인앱 결제와 간편결제는 제한해 두고 비밀번호나 지문 인증도 꼭 설정해 두면 좋아.

게임 속 돈이나 간편결제에 쓰는 돈도 사실은 모두 현실에서 나가는 진짜 돈이야. 부모님 것이라도 허락 없이 결제하면 큰 문제가 될 수 있어. 그래서 언제나 조심하고 책임감 있게 행동해야 해.

디지털 결제는 재미와 편리함이 있지만, 돈을 쓰는 일에는 책임이 따른다는 걸 꼭 기억해.

✓ **스마트폰 결제 잠금 걸기**

지금 우리 가족 스마트폰이나 태블릿에서 디지털 결제 제한 설정이 어떻게 되어 있는지 확인해 봐. 비밀번호나 지문 없이는 결제되지 않도록 잠금 설정도 꼭 해 보자.

가짜 뉴스에 속지 않는 똑똑한 뉴스 탐정

요즘엔 인터넷, 유튜브, SNS에서 다양한 뉴스를 금방 접할 수 있어. 그런데 그중엔 진짜처럼 보이지만 사실은 거짓인 가짜 뉴스도 섞여 있어. 사람들의 클릭을 끌기 위해 '충격' 같은 자극적인 말이나 눈길을 끄는 사진을 사용할 때도 많아. 특히 대통령 선거처럼 중요한 시기에는 특정 후보를 나쁘게 보이게 하거나 거짓 이야기를 퍼뜨리는 가짜 뉴스가 더 많이 퍼질 수

있어. 이런 뉴스에 속으면 잘못된 판단을 할 수도 있지.

가짜 뉴스는 단순한 실수가 아니라, 일부러 사람들을 속이기 위해 계획적으로 만들어진 정보야. 진짜 뉴스처럼 보이도록 기자 이름, 통계, 그래프 같은 것도 넣고, 믿을 만한 언론사처럼 보이게 주소나 디자인을 따라 하기도 해. 그래서 뉴스를 볼 땐 제목만 보고 믿기보다, 누가 썼는지, 출처가 정확한지 꼼꼼히 확인하는 습관이 필요해.

뉴스를 볼 때는 바로 믿기보다, 다른 곳에서도 같은 내용을 전하는지 잠깐 멈추고 다시 살펴보는 게 중요해. 특히 사진이나 영상은 오래됐거나 다르게 편집됐을 수도 있어서 이미지만 보고 판단하면 위험할 수 있어. 여러 관점에서 생각해 보는 것이 좋아.

가짜 뉴스를 줄이기 위해 정부나 기업도 여러 노력을 하고 있지만, 가장 중요한 건 우리 스스로의 판단이야. 어떤 뉴스든 쉽게 믿지 말고 '이건 믿을 만한 정보일까?' 하고 한 번 더 생각해 보는 습관을 기르자.

✓ 뉴스 탐정이 되기 위한 10단계 체크하기

뉴스 기사를 하나 골라서, 아래 항목을 확인하며 가짜 뉴스인지 판별해 봐.

- ☐ 제목이 자극적이거나 감정적인 표현은 아닌지 살펴보기
- ☐ 인터넷 주소가 낯설거나 이상하지는 않은지 확인하기
- ☐ 누가 쓴 기사인지, 출처가 분명한지 확인하기
- ☐ 맞춤법이나 문법에 어색한 부분은 없는지 살펴보기
- ☐ 사진이나 동영상이 조작되었거나 오래된 건 아닌지 확인하기
- ☐ 날짜나 시간 정보가 없거나 이상하지는 않은지 살펴보기
- ☐ 기사의 주장이 어떤 근거를 가졌는지 확인하기
- ☐ 다른 언론사에서도 같은 내용을 다루는지 찾아보기
- ☐ 만우절(4월 1일) 장난 기사는 아닌지 확인하기
- ☐ 내 생각과 비슷해서 쉽게 믿은 건 아닌지 점검하기

디지털 세상으로 통하는 스위치 잠시 끄기

습관적으로 스마트폰을 들여다본 적 있어? SNS나 숏폼을 잠깐 보려고 했는데, 시간이 훌쩍 지나가 버려서 깜짝 놀라기도 해. 그럼 기분이 안 좋아지기도 하고, 다른 일에 집중하기도 힘들지. 바로 '디지털 디톡스'가 필요한 순간이야.

'디지털 디톡스'는 디지털 기기에서 잠시 떨어져서, 몸과 마음을 편안하게 만드는 거야. 스마트폰, 컴퓨터, TV는 잠깐 내

려놓는 다른 활동들로 시간을 채우는 거지.

　일상에서 어떻게 실천할 수 있을까? 가장 쉬운 방법은 하루에 디지털 기기 사용 시간을 정하는 거야. 하루 중 일정 시간에는 디지털 기기를 사용하지 않기로 하는 거지.

　디지털 기기 없이 산책하러 밖에 나가보는 것도 좋은 방법이야. 바람이 부는 소리, 나뭇잎이 흔들리는 모습, 날씨와 계절의 변화도 더 잘 보이고, 기분도 상쾌해질걸?

　디지털 기기 전원을 모두 끄고 온 가족이 함께 대화하는 시간을 갖는 건 어때? 디지털 기기 대신, 가족과 서로 눈을 맞추며 이야기하면 훨씬 행복하고 기분이 좋아질 거야.

✓ 디지털 디톡스하기

나만의 디지털 디톡스 방법을 3가지 써 보고 실천해 봐.

1.
2.
3.

디지털 시민이 꼭 알아야 할 50가지 미션

1판 1쇄 인쇄 2025년 11월 28일
1판 1쇄 발행 2025년 12월 15일

글 서울미래교육연구회 김영주, 김태림, 박민수, 이지애, 하빛나
그림 근홍
발행인 손기주

편집 권유선
디자인 정진 **세무** 세무법인 세강

펴낸곳 썬더버드
등록 2014년 9월 26일 제 2014-000010호
주소 경기도 의왕시 정우길47. 2층
전화 02 6368 2807 **팩스** 02 6442 2807

이 책은 저작권법에 따라 보호를 받는 저작물이므로 무단 전재와 복제를 금지하며,
이 책의 내용 전부 또는 일부를 이용하려면 반드시 저작권자와 썬더키즈의 서면 동의를 받아야 합니다.

ISBN 979-11-93947-48-7 73000

값은 뒤표지에 있습니다. 잘못된 책은 구입하신 곳에서 바꾸어 드립니다.
썬더키즈는 썬더버드의 아동서 출판브랜드입니다.

썬더키즈는 책에 대한 멋진 아이디어와 좋은 원고를 기다리고 있습니다.
투고 및 기획 문의 sonkaya40@naver.com

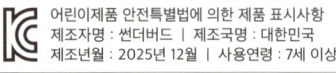